Rosa Fabiano

L'amore di Dio attraverso la sofferenza

Rosa Fabiano

L'amore di Dio attraverso la sofferenza

San Pio da Pietrelcina e il mistero del dolore

Edizioni Sant'Antonio

Imprint

Cover image: www.ingimage.com

Publisher:
Edizioni Accademiche Italiane
is a trademark of
International Book Market Service Ltd., member of OmniScriptum Publishing Group
17 Meldrum Street, Beau Bassin 71504, Mauritius
Printed at: see last page
ISBN: 978-613-8-39377-1

L'AMORE DI DIO ATTRAVERSO LA SOFFERENZA

San Pio da Pietrelcina e il mistero del dolore

FABIANO ROSA

Introduzione

Il presente lavoro si pone l'obiettivo di indagare il fenomeno della sofferenza in san Pio da Pietrelcina e le linee guida che ci ha lasciato su come affrontare i momenti e le prove di dolore.

In questo lavoro mi sono prefissa di fondare questa mia ricerca su una varia e articolata documentazione, basata sia sull'Epistolario di san Pio che su libri scritti da altri studiosi che hanno potuto testimoniare il suo operato. L'obiettivo del presente lavoro è di voler analizzare un aspetto di san Pio, la sofferenza, che presenta dei risvolti importanti per l'uomo che decide di prendere da esempio la risposta che il cristiano può dare alla sofferenza nel mondo.

Prima di questo mio umile lavoro, molti esperti di questa tematica hanno analizzato e studiato la vita di san Pio alla luce della sua esperienza nella sofferenza.

Il fine del lavoro è di soffermare l'attenzione su tutto l'intero arco di vita di san Pio per presentarlo come esempio di "uomo sofferente". Mi è sembrato opportuno continuare a parlare di san Pio e del suo modo di affrontare "i momenti bui" presentando anche le affermazioni dei recenti pontefici come san Giovanni Paolo II, papa Benedetto XVI e papa Francesco.

Il suddetto elaborato è diviso in tre capitoli che unitariamente dovrebbe dare al lettore un'idea complessiva di san Pio, dal suo operato sino al suo modo di vivere il dolore in Cristo e con Cristo.

Più in dettaglio, il primo capitolo vuole sottolineare il tema centrale del lavoro partendo dalla definizione di teodicea, partendo dalla definizione di Leibniz, sino ad arrivare in linea generale a riferimenti presenti sia nell'Antico Testamento che nel Nuovo Testamento. In questa prima parte si arriva a notare che nei momenti di dolore e di prova, l'uomo tende ad allontanarsi da Dio. Come hanno affermato anche i Padri della Chiesa, san Tommaso d'Aquino ed altri, la forza del cristiano è di vivere la sofferenza all'interno della chiesa. Nella modernità la sfida del cristiano risulterebbe più difficile ma sta al credente cercare la forza soprannaturale per partecipare alla vita della sofferenza nel segno di Cristo.

Nel secondo capitolo, il discorso diventa più articolato dato che vi è un analisi sugli aspetti della sofferenza in san Pio. Si mette in rilievo la sua spiritualità, la sua interiorità ed il suo essere mistico. Si parte dal delineare la sofferenza fisica di san Pio, per arrivare a sottolineare i dolori soprannaturali, come le stimmate, la trasverberazione del cuore e la trasverberazione del costato, ed infine le vessazioni diaboliche. Tutti questi elementi hanno messo a dura prova la fede di san Pio che ha vissuto nella "Madre Chiesa".

L'ultimo capitolo presenta le varie dimensioni dell'esperienza della croce in san Pio. Inoltre vengono presentati le due eredità che san Pio ha lasciato per vivere la sofferenza secondo il Vangelo: la preghiera e l'ospedale Casa Sollievo della Sofferenza. Innanzitutto la preghiera è uno strumento, un'arma che l'uomo può utilizzare per sentirsi vicino a Dio durante i momenti di dolore, accedendo ad un'idea di sofferenza accolta e condivisa con Cristo. L'ospedale Casa Sollievo della Sofferenza è un'opera fortemente voluta da san Pio per permettere di dare all'uomo le cure più avanzate per alleviare i dolori ma essere soprattutto un centro in cui scienza e fede devono collaborare tra loro per permettere il benessere dell'uomo.

Difatti questo mio umile lavoro vuole soffermare la propria attenzione sull'esistenza del male nel mondo, sia esso di ordine fisico o morale. Il lavoro spirituale che san Pio ha adottato su di sé, dimostra come la sua figura possa essere vista come un modello e una risposta ancora attuali per chi si interroga sul perché del male e della sofferenza nel mondo. Il presente lavoro, altresì, è stato scritto per far emergere la grandiosità dell'opera di san Pio, con particolar riferimento alla pedagogia della sofferenza, da lui attuata e proposta ai suoi figli spirituali per trasformare la prova della sofferenza in esperienza salvifica che apre le porte del Regno di Dio.

Cronologia di san Pio da Pietrelcina

- 1887: 25 maggio – Nascita di Padre Pio, al secolo Francesco Forgione, a Pietrelcina (BN) da Grazio Forgione e Maria Giuseppa di Nunzio.
- 1892: - Apparizione dei primi doni carismatici: estasi, apparizioni e vessazioni diaboliche.
- 1903: - Entra nel noviziato dei frati minori cappuccini a Morcone (BN)
  - Veste il saio francescano prendendo il nome di fra Pio da Pietrelcina.
- 1904: - Ammissione alla professione semplice.
- 1907: - Professione dei voti solenni nel convento di sant'Elia a Pianisi (CB).
- 1909: - Inviato a Pietrelcina (presso la sua famiglia) a causa della salute cagionevole fino al 1916.

  - Ordinazione del diaconato nella chiesa conventuale di Morcone.
- 1910: - Ordinazione sacerdotale nel duomo di Benevento da monsignor Paolo Schinosi.

  - 14 agosto celebra la sua prima messa a Pietrelcina.

  - 7 settembre compaiono le prime impronte del prodigio divino delle stimmate.
- 1911: - Il padre provinciale Benedetto da San Marco in Lamis lo accompagna al convento di Venafro (CB) dove rimane per poco tempo per l'aggravamento della sua salute.
- 1915: - Chiamata alle armi insieme ad altri religiosi per lo scoppio della Prima Guerra Mondiale.
- 1916: - Trasferimento nel convento di Sant'Anna a Foggia.

  - Trasferimento a San Giovanni Rotondo (FG).
- 1918: - Riformato per bronco-alveolite-doppia e rientro a San Giovanni Rotondo.

- 5 agosto ha luogo il fenomeno mistico della trasverberazione del cuore.

- 20 settembre compaiono le stimmate in modo visibile sulle mani, sui piedi e sul petto mentre è in preghiera davanti al crocifisso del coro.

- 1919: - Sottoposto a numerosi esami clinici che si concludono con pareri discordi.
- 1923: - Ordine di non celebrare messa in pubblico con la successiva revoca per sommossa popolare.
- 1929: - Morte della mamma che provoca in lui un dolore immenso.
- 1931: - Ordine da parte di papa Pio XI di sospendere ogni ministero eccetto la messa da celebrare privatamente nel chiostro del convento.
- 1933: - Riammesso a celebrare la santa messa in chiesa.
- 1934: - Ripresa dell'ascolto della confessione degli uomini.

  - 12 maggio ripresa dell'ascolto della confessione delle donne.
- 1940: - Avvio della creazione di Gruppi di Preghiera come risposta ai reiterati appelli di Pio XII, mentre imperversa la Seconda Guerra Mondiale.
- 1947: - Inizio dei lavori dell'ospedale Casa Sollievo della Sofferenza con l'aiuto di donazioni dei fedeli.
- 1956: - Inaugurazione dell'ospedale Casa Sollievo della Sofferenza.
- 1968: - Il 22 settembre celebrazione dell'ultima messa alle ore 5.

  - 23 settembre, alle ore 2:30, Padre Pio cessa di vivere e dal suo corpo, appena spirato, le stimmate scompaiono miracolosamente.
- 1973: - L'arcivescovo di Manfredonia consegna alla Congregazione per le cause dei Santi tutta la documentazione per ottenere il nulla osta per l'introduzione di beatificazione del Servo di Dio.
- 1999: - Termine del processo di beatificazione con la proclamazione di Padre Pio beato.

- 2002: - Proclamazione da parte di san Giovanni Paolo II della santità di san Pio da Pietrelcina.

San Pio da Pietrelcina si celebra il giorno 23 settembre.

CAPITOLO I

La domanda esistenziale della teodicea

1.1 Introduzione generale alla teodicea

Come Dio agisce nel mondo, attraverso le sue scelte e le sue azioni, hanno portato l'uomo a porsi molte domande ed innumerevoli riflessioni.

Una delle questioni analizzate in questo lavoro riguarda la teodicea, branca della teologia che studia il rapporto tra la presenza del male del mondo e l'agire di Dio. Il ventesimo secolo ha contribuito ad amplificare la questione della teodicea che ha avuto inizio sin dalla cultura ebraica e dai primi padri della chiesa. Una delle riflessioni che può introdurre il discorso sulla teodicea riferisce:

> Che cosa (...) è così vicino all'uomo come il dolore? (...) Ciascuno può misurare soltanto il suo dolore, quello che lui prova. E chi lo ha misurato sa che il dolore del mondo è superiore ad ogni misura. (...) Nessuno può abbracciare con lo sguardo questo mare di dolori inspiegabili, questo mare sconfinato e senza fondo di dolori e sofferenze implacabili. (...) Eppure basta il dolore che colma il cuore di un solo individuo per fare immediatamente affiorare quella parola (...): perché? Perché soprattutto questo terribile dolore, mio e degli altri? Ma tutta questa miseria non è

> un grido contro il cielo e il suo Dio? Non è un'accusa contro di lui che è il creatore di questo mondo straripante di dolore?.[1]

Il termine teodicea intende soffermarsi sulla "giustizia di Dio" (dal greco *theos*, dio e *dike*, giustizia) fu coniato da Leibniz (1646-1716), col significato di "giustificazione di Dio", nell'opera "Essais de Thèodiceèsur la bontè de Dieu, la libertède l'homme et l'origine du mal" in cui provava a mettere insieme l'idea della bontà di Dio, la presenza del male nel mondo e la libertà dell'uomo. La riflessione del filosofo rielabora la riflessione agostiniana che pose le basi della teodicea cristiana. La sofferenza è provocata da due tipi di male: male morale e male fisico, mentre è proprio Agostino che distingue il male in tre categorie: male ontologico, male morale e male fisico.[2]

Il perché del male è una delle domande che la fede si pone dato che sembra che vi sia una contraddizione tra presenza di Dio e sofferenza del mondo.

Problema fondamentale è trovare delle spiegazioni per cui Dio e la presenza della sofferenza del mondo non si escludano a vicenda. In tutte le religioni ed in tutte le epoche si sono posti la domanda riguardante la teodicea.

Già nell'Antico Testamento si può notare la domanda di profeti e personalità ebraiche sul perché della sofferenza del mondo. A partire dal libro di Giobbe troviamo delle domande circa la sofferenza: «Come lo schiavo sospira l'ombra e come il mercenario aspetta il suo salario, così a me son toccati mesi di illusione e notti di dolore mi sono state assegnate» (*Gb* 7, 2-3). Il male sperimentato da Giobbe lo ha messo a dura prova ma non lo ha mai allontanato dall'idea di fiducia e abbandono in Dio: «Dopo che questa mia pelle sarà distrutta, senza la mia carne, vedrò Dio» (*Gb* 19, 26). Su un terreno ormai forgiato dal Nuovo Testamento, si innesta il contributo del pensiero ellenistico, in particolare del neoplatonismo che fornirà ai Padri della chiesa prima e ad Agostino in particolare, che sarà poi al centro della riflessione teologica dei padri della Riforma, Lutero e Calvino. Agostino parte da una

[1] H. KÜNG, *Dio e il dolore*, trad. it. di Morelli M., Queriniana, Brescia 1968, 7-8.
[2] Cfr. AGOSTINO, *Natura del bene*, a cura di Reale G., ed. Bompiani 2011.

domanda iniziale: « *Si Deus est, unde malum?*» (Se Dio esiste, da dove viene il male?).[3] Per Agostino tutto ciò che discende da Dio è buono, pertanto lo è ogni essere e quindi la totalità di esse: il cosmo.

Già nell'Antico Testamento, nei primi passi della Sacra Bibbia si afferma che la creazione è "cosa buona" (*Gen.* 1, 30-31) perché è opera di Dio ed il male è presente perché Dio ha dato all'uomo la libertà. Il male è nelle azioni dell'uomo, non nel divino.

D'altra parte, Tommaso d'Aquino considera il male come l'antagonista della divinità. Egli afferma:

> Se di due contrari, uno è infinito, l'altro resta completamente distrutto. Ora, nel nome di Dio si intende affermato un bene infinito. Dunque, se Dio esistesse, non dovrebbe esserci più il male. Viceversa, nel mondo c'è il male. Dunque Dio non esiste.[4]

Trattazioni successive presentano l'idea di sofferenza come una privazione che collega al sacrificio. Max Scheler riconduce ogni sofferenza al sacrificio, dove il dolore è legato all'amore per la vita, alla crescita dell'uomo. Quindi per Scheler vi è una sofferenza buona.

> Quando la realizzazione di un bene di livello comparativamente "superiore" appare legata in maniera essenziale alla distruzione o alla diminuzione di un bene comparativamente "inferiore".[5]

La sofferenza può essere buona ma la domanda fondamentale è: come la sofferenza di una malattia o la morte di bambini innocenti, dovute a continue guerre, non può non definirsi male? Il male è definito privazione di bene, privatio boni, ma vi è una privazione di bene dovuto a decisioni dell'uomo che scelgono liberamente il male o effetti che provocano dolore da processi naturali come il dolore fisico. L'uomo secondo le categorie di Tommaso

---

[3] AGOSTINO, *Confessioni*, a cura di Carlo Carena, ed. Mondadori 2016, vol. 7, cap. 12.
[4] TOMMASO D'AQUINO, *La somma teologica*, ed. Edizioni Studio Domenicano 2012, vol. 1, 48.
[5] M. SCHELER, *Il senso della sofferenza in Il dolore, la morte, l'immortalità*, ed. Elledici 1983, 41.

d'Aquino è atto e potenza e le potenzialità possono essere attuate positivamente verso il fine ultimo, il Bene, o attualizzate in ordine al male. La libertà è importante per Dio e preferisce rischiare donandola all'uomo anziché rinunciarne. L'uomo ha la libertà dell'esercizio dell'atto.[6]

È la totalità del creato che porta alla giustificazione della sofferenza perché è la totalità del bene del creato che risulta superiore alla sofferenza. Anche sant'Agostino tende a notare l'universalità del bene del creato rispetto alle piccole entità di male, ed afferma:

> Neppure quelle stesse cose che muoiono, o che cessano di essere ciò che erano, deturpano o turbano la misura, la forma e l'ordine di tutta quanta la natura: così come un discorso ben composto è ugualmente bello, anche se in esso le sillabe e tutti i suoni passano come un processo di nascita e di morte.[7]

Quindi la sofferenza del singolo deve essere inquadrata nella totalità, nel sommo bene della creazione, il cui atto creativo libero di Dio potrebbe portare a delle conseguenze che abbaiano degli effetti negativi.

1.2 La teodicea nella modernità

La domanda sulla teodicea durante l'epoca moderna si è acuita e ha portato maggiori dubbi e riflessioni già a partire dall'Illuminismo. È Immanuel Kant che a partire dal concetto di ragione afferma:

---

[6] Cfr. TOMMASO D'AQUINO, *Il male*, a cura di Fiorentino F., ed. Bompiani 2007, 340.

[7] AGOSTINO, *La natura del bene*, a cura di Reale G., ed. Bompiani 2008, 137-139.

> Nessuna teodicea finora ha mantenuto la sua promessa di giustificare la saggezza morale [di Dio] nel governo del mondo contro i dubbi che sono stati elevati nei suoi confronti a partire da quel che l'esperienza ci fa conoscere di questo mondo.[8]

Per Kant questo tipo di teodicea risulta erronea perché la mente dell'uomo, più propriamente la ragione, non riesce a comprendere il mondo come ci è stato donato tramite l'esperienza.

Le due vie che affiorano dopo l'argomentazione sulla teodicea sono principalmente due: l'ateismo e il ritenere la teodicea come "una pillola" per cercare di minimizzare il male senza lottare contro di esso.

Il concetto di ateismo sembra semplice come via dato che non si considera l'idea di un Dio, anzi nega la sua esistenza. Con l'ateismo il vissuto religioso potrebbe rimanerne ferito se non garantisce una coerenza logica. La sfida contro l'ateismo è la fede stessa che consiste nell'accettare Dio e credere in Lui o non riconoscerlo affatto.

Per quanto riguarda la seconda via di soluzione della modernità, è da opporsi perché sia Agostino, Tommaso e successivamente Leibniz non hanno mai parlato di via passiva contro il male ma di contrastarlo e fare il bene.

Così scrive Leibniz: «tutti devono agire nel modo che giudicano congruente con la volontà di Dio».[9]

Considerare oggi una responsabilità di Dio per la sofferenza risulta alquanto difficile perché tutto è incentrato sul primato dell'uomo e sul cercare di migliorarsi ed avvicinarsi alla perfezione. Partire da un'idea della presenza del male nella creazione del mondo, quindi nella volontà di Dio, è incomprensibile agli occhi del cristiano che cerca di spiegare la presenza del male come volontà del creatore di distruggerlo.

> Discolpare Dio (...) non ha l'effetto di liberare Dio dalla responsabilità. Questo Dio, senza complicità, ma anche senza giustificazioni davanti al male (...) avanza

---

[8] I. KANT, *Scritti di filosofia della religione*, a cura di Ricorda G., ed. Ugo Mursia, 1994, 53.

[9] A. POMA, *Impossibilità e necessità della teodicea*, ed. Mursia, Milano 1995, 254.

come avversario terribile del male e come salvatore. Colui che, "a monte" non è affatto responsabile, lo diviene "a valle".[10]

Non è l'uomo che deve chiedersi il perché del male dopo la creazione ma è Dio che ne vede la presenza nel mondo e soffre con l'uomo. È nella cristologia che Dio si presenta sofferente. Nel Kerigma della passione-morte-resurrezione di Cristo possiamo notare due tipi di sofferenze: la sofferenza del Figlio, «Padre, se vuoi allontana da me questo calice» (*Lc* 22,42), e la sofferenza di Dio Padre che accetta la sofferenza del Figlio per donare lo Spirito Santo agli uomini. La forza di Cristo che soffre con noi è presente in un passo della Lettera agli Ebrei:

> Dovette in tutto essere fatto simile ai suoi fratelli, per poter diventare un sommo sacerdote misericordioso e fedele nelle cose che riguardano Dio, al fine di espiare i peccati del popolo. Infatti, poiché egli stesso ha sofferto ed è stato messo alla prova, ora può soccorrere quelli che sono nella prova (*Eb* 2,17-18).

È la croce la prova ultima di Cristo e da questa sofferenza per la redenzione gli uomini vi devono attingere. Il fine dell'uomo è la redenzione, salvezza che ci ha promesso Dio attraverso il compimento del fine ultimo con la risurrezione dei morti e la speranza di una nuova vita. L'uomo non deve smettere di credersi peccatore perché solo in questo modo può contrastare il male per cercare di fare del bene.

> Se diciamo che siamo senza peccato, inganniamo noi stessi e la verità non è in noi. Se riconosciamo i nostri peccati, egli che è fedele e giusto ci perdonerà i nostri peccati e ci purificherà da ogni colpa. Se diciamo che non abbiamo peccato, facciamo di lui un bugiardo e la sua parola non è in noi (*1Gv* 1,8-10).

La sofferenza per un cristiano deve essere affrontata nella gioia perché in Cristo e con Cristo si soffre e non ci si deve mai allontanare da Dio.

---

[10] M. SERENTHÀ, *Sofferenza umana. Itinerario di fede alla luce della Trinità*, ed. Paoline Cinisello Balsamo 1993, 37.

Molti cristiani che sono stati simbolo della sofferenza e che di questa ne hanno fatto un segno di coraggio e di forza, hanno testimoniato come la sofferenza dovuta ad una malattia si possa consolare nel fatto che anche Cristo ha sofferto come noi. Ad esempio don Tonino Bello nel momento della sofferenza dovuta ad un tumore, scriveva:

> C'è una frase che riassume la tragedia del creato al momento della morte di Cristo: "Da mezzogiorno fino alle tre del pomeriggio, si fece buio su tutta la terra". Da mezzogiorno alle tre del pomeriggio. Ecco le sponde che delimitano il fiume delle lacrime umane. Non oltre è consentita la sosta sul Golgota. Dopo tre ore ci sarà la rimozione delle croci. Coraggio, fratello che soffri. C'è anche per te una deposizione dalla croce. C'è anche per te una pietà sovraumana.[11]

«Benché il mondo della sofferenza esista nella dispersione, al tempo stesso contiene in sé una singolare sfida alla comunione e alla solidarietà»[12].

È con queste parole che san Giovanni Paolo II apre il discorso sul senso della presenza della sofferenza nel mondo. L'uomo, posto l'interrogativo sul perché Dio permetta il male, deve rinvenire e avere fede in Lui. La sofferenza della croce che l'uomo porta con sé può essere arricchito di un nuovo significato: sofferenza che si allieva con l'amore e con la fede in Cristo. «Vi esorto dunque, fratelli, per la misericordia di Dio, ad offrire i vostri corpi come sacrificio vivente, santo e gradito a Dio» (*Rm* 12,1). L'uomo deve consegnare tutto se stesso a Dio, deve farsi prossimo per i fratelli nella propria totalità per relazionarsi a Dio e agli uomini. L'offerta a Dio deve essere vissuta nella quotidianità con le difficoltà che possono presentarsi ogni giorno, per aprirsi e prepararsi a Dio. Grazie all'aiuto della chiesa l'uomo può alienare le proprie sofferenze per cercare una forza soprannaturale che spinga il credente a partecipare alla vita della sofferenza nel segno di Cristo e attraverso lo Spirito

---

[11] C. MIGLIETTA, *Perché il dolore? La risposta della Bibbia*, Gribaudi, Milano 1997, 256.

[12] GIOVANNI PAOLO II, *Lettera apostolica "Salvifici Doloris" ai vescovi, ai sacerdoti, alle famiglie religiose ed ai fedeli della chiesa cattolica sul senso cristiano della sofferenza umana*, http://www.vatican.va/roman_curia/pontifical_councils/hlthwork/documents/hf_jp-ii_apl_11021984_salvifici-doloris_it.html, (consultato il 21/07/2018).

Santo. Saper ascoltare anche le sofferenze degli altri o saper riconoscere il grido di aiuto del prossimo conduce l'uomo verso Dio.

Un mondo senza male non potrebbe esistere e la sfida che dobbiamo affrontare oggi risulta molto più complessa, ma illuminati dalla fede in Dio, possiamo aprirci a Lui verso l'eterna gloria.

Quindi all'uomo moderno non resta che affidarsi totalmente a Dio, alla sua volontà di creatore e alla sua decisione di plasmare un mondo con persone che abbiano una propria libertà di scelta. Come Rahner afferma: «dobbiamo confessare la bontà assoluta di Dio, senza bisogno di assolverla davanti al tribunale umano».[13]

1.3 San Pio da Pietrelcina e la risposta alla teodicea

Il mistero della sofferenza è un aspetto che contraddistingue la vita di ogni uomo.

La riflessione riguardante la teodicea apre a continue riflessioni sull'uomo e su Dio. I mali che affliggono sull'umanità sono tanti e resta a noi la scelta se affrontarli e superarli con Dio o vivere nella solitudine. Colui che soffre ha bisogno più che mai di persone che gli stanno accanto, offrendo loro comprensione e attenzioni.

«Se ogni uomo è nostro fratello, tanto più il debole, il sofferente e il bisognoso di cura devono essere al centro della nostra attenzione, perché nessuno di loro si senta dimenticato o emarginato».[14]

Queste sono le parole che papa Benedetto XVI utilizza in occasione della giornata mondiale del malato, che si è celebrata l'11 febbraio 2011, in memoria della beata Vergine di Lourdes.

---

[13] K. RAHNER, *Sollecitudine per la Chiesa. Nuovi saggi VIII*, ed. Paoline, Roma 1982, 559.

[14] BENEDETTO XVI, *Messaggio del Santo Padre Benedetto XVI per la XIX giornata mondiale del malato*, https://www.2.vatican.va/content/benedict-xvi/it/messages/sik/documents/hf_ben-xvi_mes_20101121_world-day-of-the-sick-2011.html, (consultato il 22/07/2018).

Testimoniare l'amore verso Dio, attraverso l'aiuto offerto al prossimo, è ciò che viene richiesto continuamente a noi cristiani. L'esempio dell'amore verso il prossimo è espresso nella parabola del Buon Samaritano dove è Gesù stesso che afferma: «Va' e anche tu fa lo stesso» (*Lc* 10,37).
Amare Dio e amare il prossimo è la via per arrivare al mistero di Dio, questo è l'unico comandamento che ci ha lasciato Gesù Cristo.

> Ascolta, Israele. Il signore Dio nostro è l'unico Signore; amerai dunque il Signore Dio tuo con tutto il tuo cuore, con tutta la tua mente e con tutta la tua forza. Amerai il prossimo tuo come te stesso. Non c'è altro comandamento più importante di questi (*Mc* 12, 28-34).

Questo tipo di amore e di missione in tutta la vita di san Pio da Pietrelcina è stato messo in pratica, sia perché è stato un uomo sofferente ma soprattutto perché viveva e pregava per la sofferenza di coloro che si affidavano a lui.
La sofferenza di san Pio è visibile sia nelle tribolazioni spirituali che in quelle fisiche. In tutto l'epistolario di san Pio sono presenti delle confessioni circa la sua sofferenza, la cui unica medicina era fare del bene e rimanere vicino a Dio. San Pio conosceva bene la sofferenza e i vari mali che ha sempre cercato di spiegare la teodicea. Egli si offriva a Dio, offriva le sue sofferenze a Lui e non cercava una spiegazione sul perché Dio ammettesse il male nel mondo. Il frate sapeva che la questione della teodicea era comprensibile solo nell'idea che anche Dio è vittima passiva del male e soffre con noi mentre ci consola con la promessa di vita eterna.

> Non temere, io ti farò soffrire ma te ne darò anche la forza. Desidero che l'anima tua con quotidiano ed occulto martirio sia purificata e provata; non ti spaventare s'io permetto al demonio di tormentarti, al mondo di disgustarti, alle persone più

> care di affliggerti, perché niente prevarrà contro coloro che gemono sotto la croce per amore di Dio e che io mi sono adoperato per proteggerli.[15]

L'imitazione nella sofferenza di san Pio è simbolo dell'amore di Dio che anche nella sofferenza si affida a Lui, alla volontà del Creatore di donare libertà alle scelte dell'uomo. La risposta che più propriamente i cristiani hanno dato alle affermazioni sulla teodicea, ovvero la cristologia, il Dio fatto carne e immolato per gli uomini, è espressione dell'accettazione di san Pio.

> Gesù, uomo dei dolori, vorrebbe che tutti i cristiani l'imitassero. Ora Gesù questo calice lo offrì ancora a me; io l'accettai ed ecco perché non me ne risparmia. Il mio povero patire vale a nulla, ma pure Gesù se ne compiace, perché in terra l'amò tanto. Quindi in certi giorni speciali, in cui maggiormente soffrì su questa terra, mi fa sentire ancora più forte il patire (...). Sono stato fatto degno di patire con Gesù e come Gesù.[16]

La spiritualità di san Pio si accentua sul non chiedersi il perché di tanta sofferenza ma le accetta perché sa che questa è la via per raggiungere Dio Padre.

Lo stesso san Giovanni Paolo II, in occasione della beatificazione di san Pio affermò:

> Per il beato da Pietrelcina la condivisione della Passione ebbe toni di speciale intensità: i singolari doni che gli furono concessi e le sofferenze interiori e mistiche che gli accompagnavano gli consentirono di vivere un'esperienza coinvolgente e costante dei patimenti del Signore, nella immutabile consapevolezza che "il Calvario è il monte dei santi".[17]

La salute di san Pio peggiorava con gli anni e descriveva la sua situazione fisica e spirituale sofferenza ai suoi direttori spirituale.

---

[15] PADRE PIO DA PIETRELCINA, *Epistolario I*, a cura di Melchiorre da Pobladura e Alessandro da Ripabottoni, ed. Padre Pio da Pietrelcina, San Giovanni Rotondo 2011, 339.
[16] IVI, 336.
[17] GIOVANNI PAOLO II, *Rito di beatificazione di Padre Pio da Pietrelcina, Omelia di Giovanni Paolo II*, http://w2.vatican.va/content/john-paul-ii/it/homelies/1999/documents/hf_jp-ii_hom_02051999_padre-pio.html, consultato il 24/07/2018).

Mi dispenso di parlare della mia salute, poiché le continue infermità che non voglio lasciarmi, anziché diminuire la fiducia nella mia madre celeste e nel suo figliuol Gesù. Vari giorni li ho passati più male del solito colla salute.[18]

Il patire è un aspetto comune a santi e mistici perché decidono di offrire tutta la loro vita a Dio. La sofferenza è segno di prova gradita a Dio ma ciò che turba non è solo sofferenza fisica ma anche spirituale. Anche Madre Teresa di Calcutta ha sperimentato "la notte oscura", una delle prove più importanti della sua vita che ha dovuto affrontare per vari mesi con un'esperienza mistica. L'oscurità crea il senso di solitudine che solo con l'incontro con Dio si può colmare.

Queste le sue parole:

C'è tanta contradizione nella mia anima: un profondo anelito verso Dio, così profondo da far male e una sofferenza continua, e con essa la sensazione di non essere amata da Dio, di essere rifiutata, vuota, senza fede, senza amore, senza zelo… Il cielo non significa nulla per me: mi sembra un luogo vuoto! (…) Signore mio Dio, chi sono io perché Tu mi abbandoni? (…) Chiamo, mi aggrappo, amo però nessuno mi risponde, nessuno a cui afferrarmi, no, nessuno. Sola, dov'è la mia fede? Persino nel più profondo non c'è nulla, eccetto vuoto e oscurità, mio Dio. Dio mio. Dio mio, perché mi hai abbandonato?.[19]

Anche san Pio lottava "nella notte oscura", nella perdizione di sentirsi lontano da Dio. Nelle sue lettere inviate ai padri spirituali affermava che erano dei dolori insopportabili, dolori mistici che affliggono l'anima e lo spirito.

Le lotte spirituali, in paragone di ciò che vado soffrendo nel corpo, sono assai superiori, sebbene anche le sofferenze corporali si vanno rendendo maggiori. Riguardo alle afflizioni e guerre spirituali, l'assicuro che vanno di pari passo con le afflizioni corporali. Al moltiplicarsi di queste succede l'aumento di quelle.[20]

---

[18] ID., *Epistolario I*, 185,199.
[19] M. CESATI CASSIN, *Conosci il tuo destino*, ed. Sperling & Kupfer, Milano 2016, 76.
[20] ID., *Epistolario I*, 212-214.

L'idea di sofferenza è comune a tutti gli uomini, è la cosa che accomuna tutti. Il soffrire apre a molte domande, le stesse che la teodicea pone, ma l'esempio di san Pio è importante soprattutto nell'oggi, momento in cui sembra che l'uomo sta perdendo il contatto con il divino. La vita di san Pio ci mostra come non è necessario chiedersi il perché della sofferenza ma accettarla e superarla grazie all'amore di Dio che supera tutti gli ostacoli per redimerci alla vera vittoria dell'uomo, la vita eterna.

Vi sono affermazioni che dimostrano che per san Pio la riflessione riguardante la teodicea si possa spiegare nella fiducia in Cristo, nella consapevolezza che durante la sofferenza Dio ci è vicini e soffre con noi. Sono queste le parole di san Pio che rispondono al tema sulla teodicea.

«Nel dolore Gesù è più vicino, egli guarda, è lui che viene a mendicare pene, lacrime».[21]

[21] IVI, 270.

CAPITOLO II

San Pio da Pietrelcina: servo della sofferenza

2.1 La sofferenza fisica di san Pio da Pietrelcina

La sofferenza fisica è al centro dei pensieri e delle opere dei santi.
Un esempio di un santo che dedicò tutta la sua vita a medicare le ferite degli infermi o che supportò gli ammalati, fu Camillo de Lellis. Egli fondò un ordine di chierici degli infermi che sono chiamati i Camillani per lenire le sofferenze fisiche degli uomini.[22]
La malattia nel contesto sociale porta all'esclusione o all'emarginazione dei malati dal mondo. Questo fenomeno accadeva nelle società antiche come per i lebbrosi, ma anche oggi dove sempre più la perfezione dell'estetica risulta essere l'elemento principale per non essere escluso dal mondo.
È nel Vangelo di Marco che si legge:

> In quel tempo venne da Gesù un lebbroso, che lo supplicava in ginocchio e gli diceva «Se vuoi puoi purificarmi!» ne ebbe compassione, tese la mano, lo toccò e gli disse: «Lo voglio, sii purificato!». E, ammonendolo severamente, lo cacciò via subito e gli disse: «Guarda di non dire niente a nessuno; va', invece, a mostrarti al

[22] Cfr. A. CHIARA, *Da randagio e dissoluto a santo degli ammalati*, http://www.famigliacristiana.it/articolo/san-camillo-de-lellis-da randagio-e-dissoluto-a-santo-degli-ammalati.aspx, (consultato il 7/09/2018).

> sacerdote e offri per la tua purificazione quello che Mosè ha prescritto, come testimonianza per loro» (*Mc* 1,40-45)

Anche papa Francesco, in occasione della Giornata Mondiale del Malato, ha dato importanza all'esempio di carità di cristiani che donano se stessi per la cura e per il supporto verso "i più deboli" affinché "il malato venga rispettato nella sua dignità.[23]

Dalla bibliografia di san Pio si può notare che tutta la sua vita è segnata da una continua sofferenza, sia fisica che spirituale. È nei quattro epistolari ricavati da lettere scritte da san Pio per i suoi figli spirituali o i suoi padri superiori che si esprime meglio il dolore provato sia fisicamente che psicologicamente.[24]

È visibile la cagionevolezza della salute di san Pio e le conseguenze della sofferenza che il santo sopportava.

Nella lettera del 28 luglio 1919 san Pio scriveva:

> Io mi vado sentendo sempre più male in salute e sebbene veggo che i mezzi ed i rimedi umani non potranno arrestare il corso del male fino a quando il Signore non vi interverrà immediatamente, pure qualche volta per motivo di carità bisogna essere o meglio trascendere agli altrui voleri.[25]

Le cause della malattia di san Pio sono molteplici: febbri altissime e frequenti, affezioni polmonari, strazianti dolori al petto, reumatismi paralizzanti, emicranie fortissime. Le medicine prescritte sembravano non avere effetto su di lui tanto che l'unico aiuto che invocava era quello di Dio Padre. In una lettera scriveva: «Le medicine che ho prese, come se le avessi gittate in un pozzo. Dico sinceramente che soffro assai e se si procederà ancora in questo

---

[23] Cfr. FRANCESCO, *Messaggio del Santo Padre Francesco per la XXVI Giornata Mondiale del malato 2018,* http://w2.vatican.va/content/francesco/it/messages/sick/documents/papa-francesco_20171126_giornata-malato.html, (consultato il 7/09/2018).
[24] Cfr. ID., *Epistolario I*, 230;185-186.
[25] IVI, 130.

modo, non saprei nemmeno io come andrà a finire. Mi aiuti un po', padre mio, se vuole, perché non ne posso quasi più».[26]

San Pio sapeva bene cosa la malattia comportava nell'uomo ed è per questo che confortava sempre i suoi figli spirituali nella prova della sofferenza. Passava il suo tempo nell'ospedale "Casa Sollievo della Sofferenza" per chiedere le condizioni di salute degli ammalati e per pregare per loro. I frati, confratelli di san Pio, si stupivano nel vedere con quanta premura si preoccupasse per la salute degli infermi, ma era la sua indole a portarlo a fare ciò. L'amore che provava per i fratelli sofferenti lo portavano a peggiorare il suo stato di salute quando non poteva far nulla per alleviare il loro dolore. È in un'epistola del 1921 che scriveva: «Per i fratelli poi? Ahimè quante volte per non dire sempre, mi tocca dire a Dio giudice, con Mosè: o perdona a questo popolo o cancellami dal libro della vita».[27]

San Pio era un esempio di costanza e virtù, impegnava la sua vita a donarsi completamente a Dio e ad affidarsi a Lui nei momenti di difficoltà. Il suo esercizio spirituale a non far trasparire la continua sofferenza corporale che provava, era visibile a chi gli stava accanto, a chi continuamente viveva con lui e pregava con lui, ai suoi confratelli che non capivano come facesse a sopportare tanto dolore in silenzio.

> Man mano che passavano i giorni mi accorgevo quanta virtù avesse il Padre nel soffrire.
> Tante volte scoprivo in lui, come per combinazione, la coesistenza sorprendente della gioia costante col grande dolore.
> Molte volte, dopo aver tanto scherzato con noi, diceva di ritirarsi perché un dolore fortissimo, da giorni, lo tormentava e non lo lasciava nemmeno un istante.
> Sembrava l'uomo più sano della terra. Invece era tutto una piaga.[28]

---

[26] IVI, 150.
[27] IVI, 1247-1248.
[28] P. GALEONE, *Relazione allargata alla deposizione sulle virtù praticate da Padre Pio da Pietrelcina*, San Giorgio Jonico 1986, 52.

San Pio può considerarsi un esempio di spiritualità della sofferenza, dedito al volere del Padre perché il suo spirito era sereno nell'accettare la volontà di Dio.

Egli affermava: «Soffro, ma ne godo assai».[29]

La sofferenza riscontrata durante tutto l'arco temporale di vita terrena di san Pio, la ritroviamo durante alcuni passaggi di vita del fondatore del suo ordine francescano, san Francesco d'Assisi. «La malattia divenne per Francesco occasione d'incontro con Dio».[30]

E le stesse parole si potrebbero scrivere per l'esperienza di san Pio.

Gli ultimi tempi di vita del frate sono stati di vera agonia, momenti di sofferenza dovute a malattie al fegato, alla milza, agli occhi fino a giungere una completa cecità.

È proprio nel *Cantico dei Cantici* di san Francesco che ritroviamo la benedizione ed accettazione della sofferenza come prova d'amore offerta a Dio. «Tu sia lodato, mio Signore, per quelli che perdonano in nome del tuo amore e sopportano malattie e sofferenze. Beati quelli che le sopporteranno in pace, perché saranno incoronati».[31]

Sono queste le parole di papa Francesco in occasione della XXIV Giornata Mondiale del Malato avvenuta nel 2016:

> La malattia soprattutto quella grave, mette sempre in crisi l'esistenza umana e porta con sé interrogativi che scavano in profondità. Il primo momento può essere a volte di ribellione: perché è capitato proprio a me? Ci si potrebbe sentire disperati, pensare che tutto è perduto, che ormai niente ha più senso [...]. In queste situazioni,

---

[29] ID., *Epistolario I*, 206.

[30] F. ACCROCCA, *San Francesco e la sofferenza*, http://www.sanfrancescopatronoditalia.it/notizie/attualità/giornata-mondiale-del-malato-san-francesco-e-la-sofferenza-richiedi-lo-speciale-della-rivista-dei-frati-di-assisi-36997#.W5N3ySQzbIU, (consultato il 08/09/2018).

[31] G. CONTINI, *Poeti del Duecento, Parte I*, ed. Istituto della Enciclopedia Italiana fondata da Giovanni Treccani, 2013, 29.

> la fede in Dio, è messa alla prova, ma nello stesso tempo rivela tutta la sua potenzialità positiva.[32]

È proprio la fede del frate di Pietrelcina che viene continuamente messa alla prova dalla costante situazione di sopportazione, di accettazione dei suoi gravi malanni. È in una lettera del 1910 che san Pio mostra i suoi gravi problemi di salute a livello broncopolmonare, oltre alle gravi sintomatologie presenti allo stomaco avvenute nel 1909. Il suo fisico era provato, la sua malattia era diventata cronica, la diagnosi eseguita dai medici era preoccupante.

> Lo stomaco, grazie al cielo, è quasi da Natale che non rigetta più nulla, mentre per lo innanzi riteneva appena la sola semplice acqua. Anche le forze me le sento alquanto ritornate, tanto da poter camminare per un po' senza tanto incomodo. Ma ciò che non vuol lasciarmi si è la febbre, che quasi tutti i giorni, verso sera, viene a farmi visita, seguita da copiosi sudori. La tosse poi ed i dolori del torace e della schiena sono quelli che più mi martirizzano continuamente.[33]

Oltre a queste pesanti malattie si presentò anche il problema della cecità. Si pensa che il problema iniziò nel 1911 con eventi di peggioramenti o miglioramenti che duravano diversi giorni. Il pensiero costante di san Pio era la vista, perché non poteva più scrivere ai suoi padri spirituali, come padre Benedetto o padre Agostino, ma soprattutto non poteva leggere e inviare lettere di conforto ai suoi figli spirituali che soffrivano o che chiedevano un suo aiuto spirituale. Così scriveva in una lettera inviata a padre Benedetto: «Mi sento migliorato in salute, ma mi dà pensiero la vista che non vuole ritornarmi; ma voglio sperare che il Signore mi riguardi almeno della cecità dell'anima».[34]

San Pio parlava poco e soffriva tanto sia

---

[32] FRANCESCO, *Messaggio del santo padre Francesco per la XXIV Giornata Mondiale del Malato 2016*, http://w2.vatican.va/content/francesco/it/messages/sik/documents/papa-francesco_20150915_giornata-malato.html, (consultato il 08/09/2018).
[33] ID., *Epistolario I*, 180.
[34] IVI, 246.

moralmente che fisicamente, per tutto ciò che aveva intorno a lui, per cui nel novembre guardò il letto per alcuni giorni con febbri reumatiche, ed il termometro salì a 44° ed anche a 46°. È bene notare che Padre Pio usava sempre il termometro da bagno e non quello ordinario. In simili attacchi febbrili egli scottava come un fuoco.[35]

Vi erano momenti in san Pio in cui chiedeva a Dio Padre e suo Figlio Gesù di ricevere qualsiasi forma di dolore pur di eliminare le tristezze, le sofferenza degli uomini.

> Fin dalla nascita (Gesù) mi ha dimostrato segni di specialissima predilezione.[36] Sono contento più che mai nel soffrire e se non ascoltassi che la voce del cuore, chiederei a Gesù che mi desse tutte le tristezze degli uomini, ma io non oso perché temo di essere troppo egoista, bramando per me la parte migliore: il dolore! Ho fatto più volte questa offerta al Signore, scongiurandolo a voler versare sopra di me le sofferenze.[37] Sento come mie le vostre afflizioni; farò miei tutti i vostri dolori e li offrirò tutti in olocausto al Signore per voi.[38]

È in tutto ciò che san Pio ha dimostrato come affrontare il dolore. Nella corrispondenza di lettere da lui scritte si nota il mistero del dolore. Egli educa gli uomini a comprendere ciò che di buono si può nascondere nella sofferenza fisica umana.

2.2 I dolori soprannaturali di san Pio da Pietrelcina

La struttura fondamentale della vita di san Pio testimonia un cammino di fede profondo, caratterizzato da momenti di prova di spiritualità.

In san Pio emerge la centralità della figura di uomo, ha dato voce ai deboli e sofferenti, riconoscendo in loro il volto di Cristo. San Pio ha deciso di condividere appieno la natura umana del Signore, affrontando durante tutto

---

[35] T. BERTONE, *Omelia del card. Tarcisio Bertone, segretario di stato del Santo Padre*, http://www.vatican.va/roman_curia/secretariat_state/card-bertone/2012/document/rc_segst_20120616_padre-pio_it.html, (consultato il 08/09/2018).

[36] PADRE PIO DA PIETRELCINA, *Epistolario III*, a cura di Melchiorre da Pobladura e Alessandro da Ripabottoni, ed. Padre Pio da Pietrelcina, San Giovanni Rotondo 2011, 1006.

[37] ID., *Epistolario I*, 270.

[38] T. BERTONE, *Omelia*, (consultato il 09/09/2018).

l'arco della sua vita il dolore, segno e punto di incontro di tutti gli esseri umani in cui riconoscono se stessi e il significato del fine ultimo. È il mistero dell'amore che lo ha spinto ad affrontare la sofferenza e i dolori sia fisici che soprannaturali. Tra i dolori fisici soprannaturali subiti da san Pio ricordiamo: le stimmate, la trasverberazione del cuore e la trasverberazione del costato.

2.2.1 Le stimmate di san Pio da Pietrelcina

Le stimmate sono i segni visibili della crocifissione sulle mani, sui piedi e sul costato, e sono il centro della vita di san Pio. Il primo a ricevere le stimmate è stato san Francesco d'Assisi. Il monaco Thomas Merton così affermava riguardo le stimmate di san Francesco:

> L'aver Francesco ricevuto le Stimmate fu un segno divino che fra tutti i santi egli era il più somigliante a Cristo. Meglio di ogni altro era riuscito nell'opera di riprodurre nella sua vita la semplicità, la povertà e l'amore di Dio e degli uomini che caratterizzano la vita di Gesù. San Francesco fu un altro Cristo. Il Cristo risorto rivisse in modo perfetto in quel Santo, completamente posseduto e trasformato dallo spirito della carità divina.[39]

Il fenomeno della stigmatizzazione di san Pio ha avuto luogo in due tempi, nel 1910 in modo invisibile e nel 1918 in modo visibile durando per tutta l'esistenza di vita. San Pio in alcune espressioni desiderava che le stimmate non fossero visibili, ma che ne rimanesse solo il dolore. In una testimonianza di preghiera di san Pio si legge: «Gesù, ti dico la verità..., purché mi dia forza, permettimi che questi chiodi..., permettilo sì... nelle mie mani... però ti prego, anche se lo vuoi.... Ma bada bene... tu stesso certo non lo vuoi... al fondo del cuore... ma invisibile...».[40]

Il voler nascondere inizialmente le stimmate è una volontà di san Pio, il quale provava vergogna del dono ricevuto, dono per lui troppo grande e che non

---

[39] *Le stimmate di san Francesco*, http://www.assisiofm.it/le-stimmate-di-san-franscesco-978-1.html, (consultato il 09/09/2018).

[40] A. DA SAN MARCO IN LAMIS, *Diario*, ed. Padre Pio da Pietrelcina, San Giovanni Rotondo 2003,34.

sentiva di meritare. In una lettera inviata a Padre Benedetto, suo padre spirituale scriveva: «Non s'inquieti però se adesso per la prima volta glielo dico; perché mi son fatto vincere sempre da quella maledetta vergogna. Anche adesso se sapesse quanta violenza ho dovuto farmi per dirglielo!».[41]
La testimonianza delle stimmate ricevute per la prima volta era così descritta:

> Ieri sera poi mi è successo una cosa che io non so come spiegare né comprendere. In mezzo alla palma delle mani è apparso un po' di rosso quasi quanto la forma di un centesimo, accompagnato anche da un forte ed acuto dolore in mezzo a quel po' di rosso. Questo dolore era più sensibile in mezzo alla mano sinistra, tanto che dura ancora. Anche sotto i piedi avverto un po' di dolore. Questo fenomeno è quasi da un anno che si va ripetendo, però adesso era da un pezzo che più non si ripeteva.[42]

Il fenomeno delle stimmate è la testimonianza diretta dell'amore dei mistici e dei santi per Dio. Le stimmate sono un dono, una traccia somatica esterna che fa notare la mistica ascesa dei santi. Le stimmate sono esempio d'amore, tanto da far assimilare l'uomo a Cristo. La stessa esperienza di san Pio la ritroviamo anche in santa Rita da Cascia. Ciò che apparse con le stimmate di san Pio, attraverso i segni visibili sulle mani e sui piedi, fu la spina per santa Rita. La spina per santa Rita fu:

> Un segno di diretta associazione alla Passione redentiva di Cristo Signore, coronato di pungenti spine dopo la cruenta flagellazione e, successivamente, trafitto dai chiodi e colpito dalla lancia sul Calvario. Per quella spina dolorosa la Santa delle rose divenne simbolo vivente di amorosa compartecipazione alle sofferenze del Salvatore. Anche Ella ha sofferto ed amato: ha amato Dio ed ha amato gli uomini; ha sofferto per amore Dio ed ha sofferto a causa degli uomini.[43]

---

[41] ID., *Epistolario I*, 234.
[42] IVI, 234.
[43] GIOVANNI PAOLO II, *Lettera di Giovanni Paolo II all'Arcivescovo di Spoleto per il VI centenario della nascita di santa Rita da Cascia*, http://w2.vatican.va/content/john-paul-ii/it/letters/1982/documents/hf_jp-ii_let_19820210_arcivescovo-spoleto.html, (consultato il 09/09/2018).

Il racconto delle stimmate e come questo fenomeno avvenne è ampiamente descritto da san Pio con minuziosi dettagli in una lettera del 22 ottobre del 1918. Egli così affermava:

> Cosa dirvi riguardo di ciò che mi dimandate del come sia avvenuta la mia crocifissione? Era la mattina del 20 dello scorso mese in coro, dopo la celebrazione della santa messa, allorché venni sorpreso dal riposo, simile ad un dolce sonno. E mentre tutto questo si andava operando, mi vidi dinanzi un misterioso personaggio, simile a quello visto la sera del 5 agosto, differenziava in questo solamente che aveva le mani ed i piedi ed il costo che grondava sangue. La vista del personaggio si ritira ed io mi avvidi che mani, piedi e costato erano traforati e grondavano sangue. Immaginate lo strazio che esperimentai allora e che vado esperimentando continuamente quasi tutti i giorni.
>
> La ferita del cuore gitta assiduamente del sangue, specie dal giovedì a sera sino al sabato. Padre mio, io muoio di dolore per lo strazio, non il dolore perché lo veggo impossibile ed io sento di volermi inebriare di dolore. Il personaggio di cui intendevo parlare nell'altra mia precedente non è altro che quello stesso di cui vi parlai in un'altra mia, visto il 5 agosto. Egli segue la sua operazione senza posa, con superlativo strazio dell'anima. Io sento nell'interno un continuo rumoreggiare, simile ad una cascata che gitta sempre sangue.[44]

I segni delle stimmate provocavano un grande dolore in san Pio. Era un dolore acuto e lancinante che faceva ardere le sue ferite. Le testimonianze di sofferenza di san Pio dovute alle stimmate sono tantissime e tra queste troviamo:

> Dal giovedì sera fino al sabato, come anche il martedì è una tragedia dolorosa per me. Il cuore, le mani ed i piedi sembrami che siano trapassati da una spada, tanto è il dolore che ne sento. Mi mancano le parole adatte per farvi comprendere l'intensità di questa fiamma; sono affatto impotente a potermi esprime. Ci credete? L'anima, vittima di queste consolazioni, diventa muta. Mi sembrava che una forza invisibile m'immergesse tutto quanto nel fuoco! Ahimè, la ferita che ne ricevo è troppo più penetrante di quella che potrebbe produrre un fulmine sul corpo! Questa

---

[44] ID., *Epistolario I*, 1093-1095.

ferita la sento che non è aperta in quella parte in cui si risentono i dolori ordinari, ma nel più vivo dell'anima.[45]

L'esperienza di dolore vissuta e affrontata da san Pio è stata simile a quella di un'altra testimonianza, ovvero di Natuzza Evolo. Anche se per lei è in corso un processo di beatificazione, possiamo comunque comprendere il suo cammino di fede e la prova di sofferenza attraverso i segni delle stimmate. Dalle testimonianze di medici si nota che i dolori che affliggevano Natuzza erano fortissimi e il fenomeno della sofferenza era per lei una prova di misericordia e di amore verso Dio Padre.

> Sono giunto a casa di Natuzza, a Paravati, verso le 9,30 del mattino, e l'ho trovata a letto in uno stato di agitazione e di sofferenza. Sulla fronte e sul cuoio capelluto erano visibile delle lesioni a forma di cuneo, con la punta rivolta verso l'interno, sanguinanti, lesioni che facevano pensare alle ferite inferte sul capo di Gesù dalla corona di spine. Un po' prima delle dieci ha incominciato a sussultare, rialzandosi sul letto e sobbalzando, come se venisse colpita con violenza.[46]

Le stimmate in san Pio, prima della morte, scomparvero miracolosamente. La scomparsa delle stimmate è stato un fenomeno che ha destato curiosità tra i fedeli ma anche tra i vari medici che ritenevano inspiegabile questo fenomeno. È stato padre Pellegrino, persona incaricata ad affiancare san Pio, che più di tutti ha potuto constatare la progressiva scomparsa delle stimmate durante l'ultimo periodo di vita di san Pio.

> 4 o 5 mesi prima del 23 settembre 1968, le ferite ancora aperte di Padre Pio diminuirono piano piano la loro effusione di sangue. Tutti i fedeli che assistevano alla celebrazione della sua messa notavano questo fenomeno e notavano anche che Padre Pio sempre scrupoloso nel nascondere le piaghe delle mani con le maniche del camice, negli ultimi tempi lasciava che le mani si scoprissero liberamente. Quelli che assistevano Padre Pio, cioè padre Onorato, padre Alessio ed io, notammo dalle pezzuole che anche nella piaga del costato avveniva lo stesso

[45] IVI, 266, 300, 367.
[46] V. MARINELLI, *Natuzza di Paravati*, ed. Mapograf s.r.l., Vibo Valencia 1989, vol.I, 102.

fenomeno di diminuzione. Le pezzuole, infatti, erano sempre meno intrise di sangue.[47]

Il fenomeno delle stimmate ha destato clamore tra la gente che accorreva a San Giovanni Rotondo per vedere tale fenomeno. Non bisogna dimenticare, che le stimmate in san Pio hanno provocato dolori immensi e sono state oggetto di prova di sofferenza, tale da mostrarci san Pio come esempio di uomo sofferente che accetta il dolore e lo vive in Dio e con Dio.

2.2.2 La trasverberazione del cuore in San Pio da Pietrelcina

La trasverberazione del cuore (dal latino *trans verberatio*, cioè trafiggere, trapassare da parte a parte), è l'esperienza mistica vissuta da san Pio da Pietrelcina. La trasverberazione, trapassamento del cuore o assalto del serafico è un fenomeno noto e studiato dalla mistica cristiana. Già nell'Antico Testamento ci sono riferimenti a questo fenomeno come in Zaccaria 12,10 o in Giuditta 5,28. Nel Nuovo Testamento si parla di una spada che trafigge il cuore e l'esempio più significativo lo ritroviamo in un passo del Vangelo di Luca dove vi è un chiaro riferimento a Maria: «A te pure una spada trapasserà l'anima» (*Lc* 2,35). Il fenomeno della trasverberazione è un'esperienza che i mistici vivono e che ha provato anche san Pio. La trasverberazione del cuore è simile ad un suggello d'amore che gettò san Pio "tra le braccia dell'Amore".[48] La testimonianza scritta da san Pio riguardante la vicenda era così descritta:

> Me ne stavo confessando i nostri ragazzi, quando tutto di un tratto fui riempito di uno estremo terrore alla vista di un personaggio celeste che mi si presenta dinanzi all'occhio dell'intelligenza. Teneva in mano una specie di arnese, simile ad una lunghissima lamina di ferro con una punta bene affilata e sembrava che da essa punta uscisse fuoco. Vedere tutto questo ed osservare detto personaggio scagliare con tutta violenza il suddetto arnese nell'anima, fu tutto una cosa sola. A stento

[47] P. FUNICELLI, *Le stimmate di Padre Pio da Pietrelcina,* ed. Padre Pio da Pietrelcina, San Giovanni Rotondo 2006, 125.

[48] G. DI FLUMERI, *La trasverberazione di Padre Pio,* in *Atti del convegno di studio sulle stigmate del servo di Dio Padre Pio da Pietrelcina*, San Giovanni Rotondo 1988, 78.

emisi un lamento, mi sentivo morire. Dissi al ragazzo che si ritirasse, perché mi sentivo male e non avevo più la forza di continuare. Questo martirio durò senza interruzione fino al mattino del giorno 7. Persino le viscere vedevo che venivano strappate e stiracchiate dietro da quell'arnese, e il tutto era messo a ferro e fuoco. Da quel giorno in qua io sono stato ferito a morte. Sento nel più intimo dell'anima una ferita che è sempre aperta, che mi fa spasimare assiduamente.[49]

Il dolore sentito in san Pio per lui era inspiegabile, non riusciva a comprendere quale natura avesse perché era un fenomeno nuovo, mai avvenuto in lui. Ecco come descrive il fenomeno:

> Da più giorni avverto in me una cosa simile ad una lamina di ferro che dalla parte bassa del cuore si estende sino a sotto la spalla destra in linea trasversale. Mi causa dolore acerbissimo e non mi lascia prendere un po' di riposo. Cosa è mai questo? Questo fenomeno nuovo incominciai ad avvertirlo dietro un'altra apparizione di quel solito misterioso personaggio del cinque e sei agosto e del 20 ottobre [sic!], di cui vi parlai, se vi rammentate, in altre mie lettere.[50]

L'esperienza mistica della trasverberazione del cuore vissuta in san Pio è simile a quella vissuta da santa Teresa di Gesù e da san Giovanni della Croce. Prima di ricevere la piaga al cuore, i mistici solitamente ricevono una piaga nell'anima per preparare all'evento d'amore più intenso con Dio. Infatti san Giovanni della Croce afferma: «Dio non concede nessuna grazia al corpo senza farla prima e principalmente nell'anima».[51]

Santa Teresa descrive nella sua bibliografia l'esperienza della trasverberazione, fenomeno d'estasi, dove un angelo le trafisse il cuore con una freccia di fuoco.

Queste le sue parole:

> In questa visione piacque al Signore che lo vedessi così: non era grande, ma piccolo e molto bello, con il volto così acceso da sembrare uno degli angeli molto elevati in

[49] ID., *Epistolario I*, 500.
[50] IVI, 1106.
[51] ID., *La Trasverberazione*, 49.

> gerarchia che pare che brucino tutti in ardore divino: credo che siano quelli chiamati cherubini, perché i nomi non me ne ridicono, ma ben vedo che nel cielo c'è tanta differenza tra angeli e angeli, e tra l'uno e l'altro di essi che non saprei come esprimermi. Gli vedevo nelle mani un lungo dardo d'oro, che sulla punta di ferro mi sembrava avesse un po' di fuoco. Pareva che lo configgesse a più riprese nel cuore, così profondamente che mi giungeva fino alle viscere, e quando lo estraeva sembrava portarle via, lasciandomi tutta infiammata di grande amore di Dio.[52]

Il fenomeno della trasverberazione del cuore è un evento doloroso ma che induce il mistico che lo vive avere un intimo contatto con Dio. Santa Teresa testimonia che durante il momento di estasi non desiderava sentir nessuno, ma continuare ad avere un unico e solo contatto, quello con Dio.

> Quando ero in questo stato andavo come fuori di me. Non volevo vedere, né parlare con alcuno, ma starmene sola con il mio tormento che mi pareva la gioia più grande di quante ve ne fossero nel creato. Il dolore della ferita era così vivo che mi faceva emettere quei gemiti di cui ho parlato, ma era così grande la dolcezza che mi infondeva questo enorme dolore. Non è un dolore fisico, ma spirituale, anche se il corpo non tralascia il parteciparvi un po', anzi molto.[53]

Ecco la testimonianza di san Pio come uomo sofferente, di colui che nella prova si affida totalmente a Dio. Affidarsi nel momento del dolore è la prova più grande che san Pio ci ha lasciati e lo ha dimostrato in queste parole durante il fenomeno della trasverberazione: «Mi mancano le parole adatte per farvi comprendere l'intensità di questa fiamma; sono affatto impotente a potermi esprimere. Oh che bella cosa divenir vittima d'amore. Ma presentemente come si trova l'anima mia?».[54]

---

[52] SANTA TERESA DI GESÙ, *Il libro della vita*, ed. OCD, Roma 2005, 188.

[53] IVI, 189.

[54] ID., *Epistolario I*, 300.

2.2.3 La trasverberazione del costato in san Pio da Pietrelcina

Il fenomeno della trasverberazione del costato in san Pio avvenne il giorno 5 agosto 1918. La trasverberazione, chiamata anche assalto del serafino, è una grazia santificatrice che ricevono i mistici. Nel caso di san Pio la trasverberazione è un fenomeno che avvenne circa un mese prima rispetto al dono delle stimmate.

La trascrizione della ferita al costato emerge sia nell'Epistolario di san Pio che nelle relazioni scritte dai suoi padri superiori che avevano il compito di annotare tutti i fenomeni.

> Giorno 29 marzo 1966... Egli (Padre Pio) ha detto umilmente e quasi con lagrime agli occhi e con voce tremante di averle avute (le stimmate) il 20 settembre, ma quella al costato prima e propriamente nella festa della Trasfigurazione il 5 agosto 1918. Io ho fatto notare che la Trasfigurazione è il 6 e non il 5, ma egli guardandomi con gli occhi velati di lacrime, ha risposto a mezza voce: "E bè, è lo stesso". È da notare che fino ad oggi mai si è saputa la data di questa ferita in anticipo, e tutti pensavano che fosse avvenuta contemporaneamente alle altre ferite.[55]

Il fenomeno della trasverberazione del costato, come l'evento delle stimmate o della trasverberazione del cuore, è tipico nei mistici. Tale fenomeno si manifesta quando un uomo porta su di sé i segni visibili della crocifissione. Un ulteriore esempio di tale fenomeno, avvenuto prima della manifestazione in san Pio, è quello che riguarda Veronica Giuliani. Il fenomeno della trasverberazione in lei perdurò fino alla morte. La santa portava una piaga d'amore, ovvero una grazia non solo per lei, ma per la necessità di molte anime.[56]

Allo stesso modo, i fenomeni mistici o soprannaturali del frate di Pietrelcina sono espressione della volontà di totale abbandono a Dio. San Pio incarna

---

[55] ID., *La trasverberazione*, 103.

[56] Cfr. SANTA TERESA GIULIANI, *Un tesoro nascosto ossia il diario di santa Veronica Giuliani*, a cura di P. Pizzicaria, Prato 1895, 230.

l'ideale di servo sofferente che per amore verso Dio decide di accettare la sofferenza come prova d'amore. Il tutto è testimoniato nell'epistolario di san Pio dove tra i tanti dolori vi è anche quello provato dalla ferita al costato. Così san Pio scriveva: «Che dolore acerbo io esperimento nelle estremità e dalla parte del cuore! Dolori tutti che mi tengono in continuo deliquio, il quale per quanto dolce sia, altrettanto e doloroso ed acuto».[57]

2.3 Vessazioni diaboliche

Per vessazione diabolica si intende una serie di problemi d'origine maligna, come diversi disturbi e malattie.
Vi sono numerosi passi della Sacra Bibbia dove vi sono testimonianze di uomini che provavano forti disturbi fisici a causa del male. San Paolo non era plagiato da Satana, ma come egli stesso scrive, il Maligno lo torturava continuamente: «Perché non montassi in superbia per la grandezza delle rivelazioni, mi è stata messa una spina nella carne, un inviato di satana incaricato di schiaffeggiarmi perché io non vada in superbia» (*2Cor* 12,7).
Numerose biografie di santi rivelano che durante le loro vite terrene erano tormentati dal Demonio. In questi casi sembra come se il Signore permettesse questi fenomeni per renderli ancora più forti in Lui. È nel Catechismo della Chiesa Cattolica che si afferma:

> La potenza di Satana non è infinita. Sebbene Satana agisca nel mondo per odio contro Dio e il suo regno in Cristo Gesù, e sebbene la sua azione causi gravi danni - di natura spirituale e indirettamente anche di natura fisica - per ogni uomo e per la società, questa azione è permessa dalla divina provvidenza, la quale guida la storia dell'uomo e del mondo con forza e dolcezza. La permissione divina dell'attività diabolica è un grande mistero, ma «noi sappiamo che tutto concorre al bene di coloro che amano Dio» (*Rm* 8,28). [58]

---

[57] ID., *Epistolario I*, 1103.
[58] *Catechismo della Chiesa Cattolica. Compendio*, promulgato da Giovanni Paolo II, Libreria Editrice Vaticana, Città del Vaticano 1997, 975,n. 395.

La vita di san Pio è stata segnata da momenti di sofferenza dovuti all'intervento di forze demoniache. L'esperienza mistica si caratterizzava da continui combattimenti e violenti attacchi diabolici che provocavano dolorose vessazioni in san Pio. La prima descrizione di Satana, scritta da san Pio, riguardante la lotta contro il male è descritta nel suo primo epistolario: «Una nuova guerra mi va muovendo il principe delle tenebre. Questi essendo rimasto vinto da una parte per averla ubbidito, confesso certamente non esser mio merito, un'altra battaglia non meno accanita dell'altra mi va facendo».[59]
La forza del male è tale da far indurre san Pio a sopportare dolori acuti, a vivere momenti di prova nella sopportazione della sofferenza. Satana si presentava a lui secondo varie forme e in diversi momenti, situazioni di cui la successiva descrizione portava san Pio a designare diversi epiteti al Maligno.

> Babalù non si vuole dare per vinto. Ha preso quasi tutte le forme. Da vari giorni in qua mi viene a visitare assieme con altri suoi satelliti armati di bastoni e di ordigni di ferro e quello che è peggio sotto le proprie forme. Chi sa quante volte mi ha gittato dal letto trascinandomi per la stanza. Mio Dio! Quegli spiriti maligni, padre mio, fanno tutti gli sforzi per prendermi; vogliono vincermi per forza; sembra che approfittino proprio della mia debolezza fisica per maggiormente sfogare contro di me il loro livore ed in tale stato veder se sia loro possibile strapparmi dal petto quella fede e quella fortezza che mi viene dal Padre dei Lumi.[60]

Altri epiteti sono: "bestia immonda, brutto cosaccio, infelice apostata, leone infernale, tigre affamata, barbaglù, birbaccione, brutto animalaccio, insidiatore maligno, valente artista delle tenebre, spiriti superbi, invidiosi, maliziosi, apostati impuri".[61]
L'esperienza dell'incontro con il principe delle forze del male è un momento in cui lo spirito deve incessantemente lottare per non cadere in tentazione. Il

---

[59] ID, *Epistolario I*, 187.
[60] IVI, 252, 497.
[61] M. DA POBLADURA, *Problematica della direzione spirituale nell'Epistolario di Padre Pio*, ed. Voce di Padre Pio, San Giovanni Rotondo 1980, 214.

combattimento induceva san Pio nello sconforto, nella debolezza fisica, nel venir meno di tutte le forze necessarie per la lotta.

> La lotta con l'inferno è arrivata al punto in cui non si può andare innanzi. La navicella del mio spirito si vede proprio in sul punto di essere sommersa dalle onde dell'oceano. Padre mio, non ne posso proprio più. Mi sento venir meno la terra sotto i piedi; le forze mi vengono meno. Io muoio ed assaporo tutte le morti insieme in ogni istante all'altro. Le acque della tribolazione sono per sommergermi, sono per affogarmi. Si combatte estremamente da ambo le parti. A misurarne le forze di tutte e due le parti mi atterrisce di fronte alle schiere nemiche; mi sento come per già schiacciato dalle forze infernali; tremo di essere da un momento all'altro ridotto al nulla.[62]

Ritorna l'opportunità di confrontare l'esperienza di san Pio con quella di santa Teresa di Gesù, entrambi accomunati da una esperienza di sofferenza continua e perpetua. La mistica raccontava le sue esperienze e il contatto con il Demonio nelle descrizioni che sono raccolte in un libro. Scriveva:

> Un'altra volta mi tormentò per cinque ore di seguito con turbamenti fisici e morali, e con dolori così vivi che mi pareva di non poterne più. Le persone presenti erano tutte spaventate: né esse sapevano che fare, né io come difendermi. Quando i dolori e le sofferenze fisiche sono molto forti, ho per costume di fare del mio meglio per emettere atti interiori di rassegnazione, supplicando il Signore di servirsi dei miei patimenti per la gloria, di darmi pazienza e di lasciarmi poi in quello stato anche sino alla fine del mondo. Con questi atti e risoluzioni mi aiutavo anche allora, perché le sofferenze si erano fatte assai gravi. Insomma, questi spiriti maledetti mi tormentano spesso, ma non mi fanno tanta paura perché vedo che senza il permesso di Dio, non possono neppur muoversi. Se volessi raccontare tutti i lori assalti, stancherei Vostra Grazia e me stessa.[63]

L'esempio che ogni uomo deve perseguire contro ogni tipo di tentazione è in Gesù. Le tentazioni del maligno che lo stesso Gesù ha affrontato nel deserto,

---

[62] ID., *Epistolario I*, 551.
[63] ID., *Un tesoro nascosto ossia il diario di santa Veronica Giuliani*, 200.

devono dare la spinta all'uomo di non accettare i vari tentativi che Satana ci presenta per non sprofondare nel male. È necessario che l'uomo ricordi che solo sentendosi figli di Cristo è possibile resistere al male. È in Cristo che l'uomo deve vivere perché è modello della vittoria che ogni discepolo deve riportare sul maligno.
Sant'Agostino nell'Esposizione sul Salmo 60 scrive:

> Cristo fu certamente tentato dal diavolo, ma in Cristo eri tentato tu. Tua, infatti, era la carne che Cristo aveva presa perché tu avessi da lui la salvezza. Egli aveva preso per sé la morte che era tua per donare a te la vita: da te egli aveva preso su di sé le umiliazioni perché tu avessi da lui la gloria. Così egli prese da te e fece sua la tentazione, affinché per suo dono tu ne riportassi vittoria. Se in lui noi siamo tentati, in lui noi vinciamo il diavolo. Ti preoccupi perché Cristo sia stato tentato e non consideri che egli ha vinto; in lui fosti tu ad essere tentato, in lui riporti vittoria. Riconoscilo.[64]

San Pio era convinto che le prove del demonio si potessero superare solo con l'aiuto di Gesù. È questo l'esempio che san Pio ha dato agli uomini. Nel mondo ci sono sia sofferenze fisiche che tentazioni dello spirito, ma è necessario affidarsi a Dio per poterle superare, il male nel mondo esiste, ma in Dio sperimentiamo l'amore e il sommo bene. È in quest'ottica che le parole di san Pio appaiono illuminanti anche per la nostra esperienza di vita e di fede.

> Babbo carissimo, io mi trovo assai contento. Gesù non cessa di volermi bene, anche contro ogni mio demerito, perché non cessa di farmi affliggere da quei brutti ceffoni. Ormai sono sonati ventidue giorni continui che Gesù permette a costoro di sfogare la loro ira su di me. Il mio corpo, padre mio, è tutto ammaccato per le tante percosse che ha contato fino al presente per mano dei nostri nemici. Ora ditemi, non è stato forse Gesù che mi ha aiutato in questi sì tristi momenti in cui, sì privo di tutti, i demoni hanno cercato di distruggermi e di perdermi? Aggiungete ancora che anche dopo che costoro si sono allontanati, sono rimasto svestito per molto tempo, perché impotente a muovermi, con questa stagione sì rigida. Quanti malanni

[64] G. CIONCHI, G. GIACOMELLI, *Angeli, Demoni e Regno di Dio*, ed. Shalom, Camerata Picena 2001, 221.

avrebbero dovuto scatenarsi su di me, se il nostro dolcissimo Gesù non mi avesse aiutato.[65]

[65] Id., *Epistolario I*, 338.

CAPITOLO III

La sfida alla sofferenza in san Pio da Pietrelcina

3.1 San Pio da Pietrelcina: croce e sofferenza

Il fenomeno mistico di san Pio non può che essere associato al mistero della croce, del dolore.
L'amore di Gesù per noi ha spinto san Pio alla croce e in lui è visibile il patimento in chiave cristologica. Ignazio di Antiochia scrisse ai cristiani di Roma: «È bello per me morire in Gesù Cristo più che regnare sino ai confini della terra. Cerco quello che è morto per noi, voglio quello che è risorto per noi. Il mio rinascere è vicino… Lasciate che io sia imitatore della passione del mio Dio».[66]
La vita cristiana è quella vissuta totalmente in Cristo e le piaghe che san Pio ha ricevuto sono il segno della sua trasfigurazione in Gesù Cristo risorto. La parola "croce" in san Pio è collegata ad un altro termine che ben esprime il piano di Dio, ovvero: amore.

> La croce è il pegno dell'amore […] e l'amore che non è alimentato, nutrito dalla croce, non è vero amore; esso si riduce a fuoco di paglia. Mi ha detto Gesù

---

[66] IGNAZIO D'ANTIOCHIA, *Ad Romanos VI- I Padri Apostolici*, a cura di A. Quacquarelli, Roma 1981, 124.

poc'anzi: "Sotto la croce si impara ad amare ed io non la do a tutti, ma solo alle anime che mi sono più care".[67]

La forza della croce porta all'unione con Cristo stesso e agisce come mezzo efficace per la partecipazione all'opera redenta di Cristo. Il mistero è abbandonarsi completamente a Dio anche nella sofferenza:

> I fedeli sono uniti al Signore grazie alle loro preghiere (*2Cor* 1,2; *1Tm* 2,1-4), le loro opere (*1Cor* 3,9-14) e le loro sofferenze, le quali hanno tutte un valore redentore quando sono unite e assunte nell'azione di Cristo stesso. Corpo, di Cristo, la sofferenza di ognuno è una partecipazione alla sofferenza redentrice di Cristo. I fedeli non fuggono la sofferenza, ma trovano in essa un mezzo efficace di unione con la croce di Cristo.[68]

La chiamata alla sofferenza è accettazione di tutte le prove con fede e nella speranza della redenzione in Cristo. La sofferenza di Cristo è il simbolo della missione di san Pio che nella sofferenza della croce ha accettato su di lui il progetto di Dio.
La croce non è vista da san Pio solo come sofferenza ma il dolore è il segno della passione e resurrezione.

> Desidero soffrire sempre più e soffrire senza conforto; e di ciò ne faccio tutta la mia gioia. Gesù mi dice che nell'amore è lui che diletta me; nei dolori invece sono io che diletto lui. Soffro e soffro assai. Io non bramo punto di essere alleggerita la croce perché soffrire con Gesù mi è caro; nel contemplare la croce sulle spalle di Gesù mi sento sempre più fortificato ed esulto di una santa gioia.[69]

La missione di san Pio è quella di abbracciare la croce e seguire Gesù per affrontare con serenità la realtà della sofferenza umana. San Pio come sofferente desiderava assimilarsi a Cristo sofferente, partecipare attivamente

---

[67] ID., *Epistolario I*, 571, 339.
[68] COMMISSIONE TEOLOGICA INTERNAZIONALE, *Alcune questioni sulla teologia della redenzione*, http://www.vatican.va/roman_curian/congregations/cfaith/cti_documents/rc_cti_1995_teologia-redenzione_it.html, (consultato il 15/09/2018).
[69] ID., *Epistolario I*, 303-304; 335.

alla passione di Cristo. È la croce che evoca l'idea di sofferenza, di patimento assoluto evocando l'immagine di Cristo sofferente.

> Ora, la sofferenza non si capisce per una riflessione concettuale, ma solo attraverso una esperienza almeno mediata, cioè, per la "com-passione". Finalmente la passione di Cristo è presente a me, perché essa è un invito ed un motivo, per entrare in un esistenza simile a quella di Cristo. Come Paolo dice, «Cristo è morto per tutti, perché quelli che vivono, non vivano più per se stessi, ma per colui che è morto e risuscitato per loro» (*2Cor* 5,15), e questo vivere per Cristo non è possibile senza una partecipazione alla passione di Gesù, come dice ancora s. Paolo: «Sono stato crocifisso con Cristo., e non sono più io che vivo, ma Cristo vive in me» (*Gal* 2, 20). Ora la sofferenza che non si sente, non è sofferenza, e la prontezza alla partecipazione vissuta non è realistica finché non si penetra affettuosamente e motivatamente la sofferenza che si è pronti a portare con Cristo.[70]

La prova d'amore che san Pio ha affrontato durante la sua vita sconvolgeva anche il suo stato interiore, nondimeno egli era ben consapevole e certo che Dio gli era vicino:

> Ma mentre mi addoloro, sento anche una spirituale gioia per il grande amore che Dio vi porta. E segno certo di questo amore è la tempesta che rugge sul vostro capo e vi sconvolge. Né questa è una mia personale persuasione, sebbene un argomento della Scrittura che avverte essere il combattimento una prova dell'unirsi l'anima con Dio ed un contrassegno della più intima presenza di Dio nell'anima.[71]

«Con la sua passione e la sua morte sulla Croce, Cristo ha dato un senso nuovo alla sofferenza: essa può ormai configurarci a lui e unirci alla sua passione redentrice»[72]: sono queste le parole del Catechismo della Chiesa Cattolica che ci fanno comprendere come nella sofferenza il simbolo chiave sia la croce, elemento che ci fa avvicinare a Cristo, il Dio - uomo sofferente, che abbraccia la croce per redimere i suoi figli. Per giungere nel Reno di Dio,

---

[70] M. FLITCK, Z. ALSZEGHY, *Il mistero della croce. Saggio di teologia sistematica*, ed. Queriniana, Brescia 1978, 364.
[71] ID., *Epistolario I*, 1010, 1011.
[72] *Catechismo della Chiesa Cattolica*, 293.

il regno che Cristo stesso ha preparato attraverso la sua incarnazione e vivendo il kerigma della passione-morte-resurrezione, è necessario che noi uomini accettiamo la croce come elemento fondamentale di vita. «Se qualcuno vuol venire dietro a me rinunzi a se stesso, prenda la sua croce e mi segua: perché chi vorrà salvare la sua vita la perderà; chi invece avrà perduto la sua vita per amor mio, la ritroverà» (*Mt* 16, 24). Le parole di questo passo del Vangelo contengono una chiara chiamata alla sequela Christi, chiamata a cui san Pio non si è sottratto:

> Sul binario dell'amore e del dolore P. Pio ha mobilitato il cielo e la terra: Gesù donava favori e gli uomini la carità. Il mediatore tra Cristo Gesù e i fratelli, e tra i fratelli ed i sofferenti era P. Pio. Egli si è consumato sulla croce, povero e spogliato di tutto, per ottenere di più da Gesù e per avere di più dai fratelli per chi soffre. P. Pio è stato un vero Servo della Sofferenza di Cristo per i fratelli.[73]

Per san Pio, per raggiungere Dio, nostro fine ultimo, è necessario condurre la nostra vita secondo l'esempio di Gesù con la croce.[74]

Vi sono altri santi o mistici che hanno vissuto a pieno l'esperienza della croce vivendo la sofferenza come segno e partecipazione di Cristo nella loro vita. San Paolo della Croce ha avuto numerose visioni della passione di Cristo, era immerso completamente nella scena della crocifissione. Le apparizioni del Cristo sofferente in Croce erano per san Paolo della Croce momenti di vera sofferenza sia interiore, dell'anima, che esteriore attraverso un atto di prova di sofferenza fisica.[75]

> L'insegnamento più bello che Gesù inculca alla scuola vivente della sua Passione è la «segreta santità della Croce». E il motivo di questo auspicio così inconsueto è che «la croce è sempre buona, anzi santa e santissima»: cosicché «chi sapesse il

[73] P. GALEONE, *Relazione allegata alla deposizione sulle virtù praticate da Padre Pio da Pietrelcina*, ed. Padre Pio da Pietrelcina, San Giorgio Jonico 1986, 39-40.
[74] Cfr. PADRE PIO DA PIETRELCINA, *Epistolario II*, a cura di M. da Pobladura e A. da Ripabottoni, ed. Padre Pio da Pietrelcina, San Giovanni Rotondo 2011, 155.
[75] Cfr. L. POMPILIO, *L'esperienza mistica della passione in san Paolo della Croce*, ed. Tipografia di Casamari, Roma 1973, 85.

gran tesoro che è nel patire, non desidererebbe altro che pene». Pertanto se l'anima vuol conquistare le vette dell'amore «porti la croce con Gesù e riposi come una bambina nel suo divin Seno; dormi quieta all'ombra di questo albero di vita, e si cibi dei frutti che (ne) cadono… che sebbene paiono amari al palato del senso, sono però dolcissimi al palato dello spirito». Non si creda però che i protagonisti di questo avventuroso cammino siano solo dei privilegiati, perché ogni redento deve «passare per la via regia della santa Croce». Infatti «al Paradiso ci si va con la Croce». E poi chi abbraccia la croce di Gesù non può essere triste, non può disperare perché da essa distilla «balsamo dolcissimo» che profuma tutto il nostro spirito.[76]

Ciò che viene espresso nei pensieri di san Paolo della Croce era simile all'idea della mistica della sofferenza di san Pio. L'amore verso il prossimo e la fede in Cristo erano due degli elementi che rendevano più forte in san Pio la volontà di sopportazione delle pene della croce.

> Tu mi hai fatto salire sulla croce del Figlio tuo ed io mi sforzo di adattarmici alla miglior maniera: sono convinto che giammai ne discenderò. Stendi pure le tue braccia sulla tua croce ed offrendo al Padre il sacrificio di te stesso in unione al tenerissimo Salvatore, patisci, gemi e prega per gl'iniqui della terra e i miseri dell'altra vita sì degni della nostra compassione nelle loro pazienti ed ineffabili angosce. Sono stato degno di patire con Gesù e come Gesù. La fede grande gli donava il vivere di Cristo: conosceva perdono quello che Cristo conosce ed amava quello che Cristo ama; soffriva le sofferenze di Cristo, viveva la sua stessa vita e moriva della Sua medesima morte.[77]

San Pio si umiliava di fronte a tanta sofferenza, sapeva bene che la sua missione affidata da Dio era quella di conformarsi pienamente in Gesù crocifisso. La sua "via crucis" era caratterizzata da dolori esteriori, come ad esempio le stimmate. Le piaghe portate sul corpo di san Pio sono segno dell'intima unione con Cristo. Il martirio della croce di san Pio deve essere un esempio perché l'uomo portando la croce può offrire se stesso a Dio ed

---

[76] IVI, 185.
[77] ID., *Epistolario I*, 207, 336.

esprime il segno della piena identità con Cristo che allevia il dolore delle piaghe e manifesta il segno della gloria. Ecco le parole di san Pio che possiamo seguire per comprendere la sofferenza dell'uomo, sofferenza della croce come prova d'amore:

> Non è giustizia, ma l'amore crocifisso che ti crocifigge e ti vuole associato alle sue pene amarissime senza conforto e senz'altro sostegno che quello delle ansie desolate. Tu, vittima, devi pei fratelli quello che ancor manca alla passione di Gesù Cristo. Ecco la verità e la sola verità. Non ti affannare a cercare Dio: egli è dentro di te, con te nei tuoi gemiti, nelle tue ricerche, simile ad una madre che spinge il figliolino a cercarla, mentr'essa è dietro ed è con le sue mani che lo costringe a raggiungerla invano. Ripeto che il Signore è con te, ed è lui che per amore ti sospende sul duro patibolo della sua croce.[78] Consolati! Tutto passa; Gesù ti presenta una croce sì, ma non perderti d'animo: la croce di Gesù fu molto più pesante; non temere; egli è vicinissimo a te; e ti guarda; è lì per alleviarti i dolori e tu invocalo sia nei pericoli, sia nelle cose prospere.[79]

3.2 La preghiera come conforto per la sofferenza

La preghiera è lo strumento che l'uomo ha a propria disposizione per mettersi in contatto con Dio.

Attraverso la preghiera l'uomo si eleva a Dio e può esprimergli ciò che desidera, le proprie paure, angosce, chiedere una grazia o un desiderio. Il modello dell'orante è Gesù stesso:

> Gesù prega, partecipando assiduamente alla liturgia di Israele. Invoca il Padre in pubblico, nel mezzo della sua stessa attività. Soprattutto si ritira lunghe ore in solitudine, nel deserto o sui monti, di notte o di buon mattino. La sua preghiera è stare di fronte al Padre come Figlio, in perfetta reciprocità, nella gioia dello Spirito

[78] ID., *Epistolario I*, 1031-1032.
[79] PADRE PIO DA PIETRELCINA, *Epistolario IV*, a cura di Melchiorre da Pobladura e Alessandro da Ripabottoni, ed. Padre Pio da Pietrelcina, San Giovanni Rotondo 2011, 696.

Santo. Da questo intimo dialogo trae energia ed ispirazione per la sua missione, soprattutto nei momenti decisivi.[80]

Pregare è un atto di vero coraggio perché mette a nudo l'uomo di fronte a Dio, la preghiera riesce a far diventare "piccolo" l'uomo per far riscoprire in lui la vera affiliazione al Padre. «Per pregare davvero, al cristiano serve "coraggio" perché, forte della propria fede, deve arrivare persino a sfidare il Signore trovando il modo di superare le inevitabili "difficoltà" senza dubitare».[81] È nella difficoltà della sofferenza si interiore (spirituale) che esteriore (fisica) che risulta necessario pregare e non lasciarsi prendere dallo sconforto. La preghiera deve partire dalla fede affinché le nostre richieste a Dio vengano esaudite.

> Ci vuole sempre fede all'inizio. La preghiera cristiana nasce dalla fede in Gesù e va sempre con la fede oltre le difficoltà. E una frase per portarla ci aiuterà, dal nostro padre Abramo, al quale è stata promessa l'eredità, cioè di avere un figlio a cento anni. Ebbe la fede e si mise in cammino: fede e fare di tutto per arrivare a quella grazia che sto chiedendo.[82]

San Pio ammetteva nelle sue lettere, scritte ai suoi padri spirituali, che gli risultava difficile pregare nei momenti di grande sofferenza. Le sofferenze lo prostravano, tanto da esternare l'impossibilità della preghiera e le angustie derivate dallo spirito nel sentirsi imperfetto e non degno di incontrare Dio. Aggiunge:

> Altre volte invece mi avviene di trovarmi in una grande aridità di spirito; sento il mio corpo in una grande oppressione per le tante infermità, sento di essere impossibilitato a potermi raccogliere e far orazione, per quanto buon desiderio ne avessi. Tutti i mali corporali e spirituali si mettono d'accordo per tormentarmi. Mi

---

[80] CATECHISMO DEGLI ADULTI, *La verità vi farà liberi*, ed. Libreria Editrice Vaticana, Città del Vaticano 1995, n. 172.
[81] FRANCESCO, *Il coraggio della preghiera*, https://w2.vatican.va/content/francesco/it/cotidie/2018/documents/papa-francesco-cotidie_20180112_il-coraggio-della-preghiera.html, (consultato il 20/09/2018).
[82] IBID.

> sento tormentato nello spirito; vorrei non dico pregare, che sarebbe troppo, ma formare un sol pensiero di Dio, ma tutto questo stato mi riesce impossibile. Allora mi veggo che sono tutto pieno d'imperfezioni; tutto il coraggio che per lo innanzi sentivo mi abbandona tutto. Mi assale una profonda tristezza ed un pensiero atroce mi attraversa la mente, quello cioè di poter essere un illuso senza conoscerlo.[83]

Erano momenti di paura, momenti di agonia che ha affrontato san Pio, esperienza che tutti gli uomini sperimentano durante la prova del dolore. È proprio di fronte alla sofferenza che invochiamo Dio, è a Lui che affidiamo la nostra preghiera affinché venga allontanato da noi il calice della sofferenza sperimentata da Gesù Cristo nel Getsemani.

> Giunsero ad un podere chiamato Getsemani ed egli disse ai suoi discepoli: "Sedetevi qui, mentre io prego". Prese con sé Pietro, Giacomo e Giovanni e cominciò a sentire paura e angoscia. Poi, andato un po' innanzi, cadde a terra e pregava che, se fosse possibile, passasse via da lui quell'ora. E diceva: "Abbà! Padre! Tutto è possibile a te: allontana da me questo calice! Però non ciò che voglio io, ma ciò che vuoi tu." (*Mc* 14,32-36)

Il dolore fisico che san Pio provava diventava sopportabile durante la preghiera. Il momento dell'orazione in san Pio era un modo di avvicinarsi a Dio, era affidare a Lui tutte le sue sofferenze; nella preghiera ritrovava la forza che animava la sua vita in Dio. San Pio scriveva: «Appena mi metto a pregare tosto mi sento il cuore da una fiamma di vivo amore che non ha nulla a che vedere con qualsiasi fiamma di questo mondo. È una fiamma delicata ed assai dolce che strugge e non dà pena alcuna».[84] La vita di san Pio è cadenzata dalla preghiera. Egli si definiva "un povero frate che prega". È uno degli insegnamenti più grandi che san Pio ci ha lasciato: pregare sempre e bene. Solo con la preghiera l'uomo può sentire la gioia di vivere in Dio nel momento in cui soffre.

---

[83] ID., *Epistolario I*, 421.
[84] L. LOTTI, *Padre Pio, una spiritualità della compassione*, http://www.vocedipadrepio.com/files/file/2012_9_ita_2, (consultato il 20/09/2018).

> Per Padre Pio, la preghiera è la chiave della sua esistenza e la garanzia della sua missione; è l'attività d'ogni sua giornata e di non poche ore della notte: è il compito che sente più suo e che lo impone al fascino di tutto il mondo; è la fonte di tanta gioia e, insieme, di profonda sofferenza.
> Sull'inginocchiatoio o sull'altare, nella chiesa o nella cella, trascinandosi per un corridoio o per i viali dell'orto cappuccino, con le mani raccolte o sgrananti la corona, il suo mondo è Dio: da contemplare, da lodare, da implorare, da propiziare. La sua è più di tutto, una vita di preghiera, di ininterrotto filiale colloquio – dolce e ostinato – con Dio.[85]

Le parole di papa Francesco durante l'udienza generale tenutasi il 25 maggio 2016, riprendono la tematica della preghiera come fonte di Misericordia. La preghiera dell'uomo sofferente può trasformare la richiesta o il desiderio nell'incontro con Dio, perché è necessario pregare sempre senza mai interrompere il dialogo con lui.

> Necessità di pregare sempre, senza stancarsi mai. Gesù ci dice che bisogna «pregare sempre, senza stancarsi». Tutti proviamo momenti di stanchezza e di scoraggiamento ma Gesù ci rassicura: Dio esaudisce prontamente i suoi figli, anche se ciò non significa che lo faccia nei tempi e nei modi che noi vorremmo. La preghiera aiuta a conservare la fede in Dio ad affidarci a Lui anche quando non ne comprendiamo la volontà. Ecco cosa fa la preghiera: trasforma il desiderio e lo modella secondo la volontà di Dio. E nella preghiera sperimentiamo la compassione di Dio, che come un Padre viene incontro ai suoi figli pieno di amore misericordioso.[86]

Riprendendo le parole del Santo padre Francesco a San Giovanni Rotondo, in occasione della visita pastorale, avvenuta il 17 marzo 2018, egli ha tenuto un discorso riguardante la preghiera dove ha spiegato il vero senso dell'orazione affermando:

---

[85] FERNANDO DA RIESE, *Pio X, Padre Pio da Pietrelcina Crocifisso senza croce*, ed. Padre Pio, San Giovanni Rotondo, 337.

[86] FRANCESCO, *Udienza Generale*, https:w2.vatican.va/content/francesco/it/audiences/2016/documents/papa-francesco_20160525_udienza-generale.html, (consultato il 20/09/2018).

> Possiamo chiederci: noi cristiani preghiamo abbastanza? Gesù nel Vangelo ci mostra anche come si prega. Prima di tutto dice: «Ti rendo lode, Padre». Non si conosce il Padre senza dedicare tempo a Lui solo, senza adorare. Riprendere la preghiera di adorazione e di lode. È il contatto personale, a tu per tu, lo stare in silenzio davanti al Signore il segreto per entrare sempre più in comunione con Lui. La preghiera può nascere come richiesta, anche di pronto intervento, ma matura nella lode e nell'adorazione. E allora, nel dialogo libero e fiducioso, la preghiera si carica di tutta la vita e la porta davanti a Dio.[87]

Durante il Giubileo della Misericordia papa Francesco si è soffermato sui Gruppi di preghiera fondati da san Pio. È a loro che ha rivolto un messaggio importante riguardante il valore della preghiera.

> La preghiera non è una buona pratica per mettersi un po' di pace nel cuore; e nemmeno un mezzo devoto per ottenere da Dio quel che ci serve. La preghiera è un'opera di misericordia spirituale che vuole portare tutto al cuore di Dio. La preghiera è un dono di fede e di amore, un'intercessione di cui c'è bisogno come il pane. In una parola, significa affidare. Per questo la preghiera, come amava dire Padre Pio, è «la migliore arma che abbiamo, una chiave che apre il cuore di Dio».[88]

Infatti la preghiera è vissuta da san Pio: «la possibilità di mettersi in contatto con un Padre buono e onnipotente, comprensivo della nostra debolezza, ottenendo così la possibilità di accogliere la sua grande energia ristoratrice e vitalizzante».[89]

La preghiera per san Pio deve essere sempre recitata, per rendere grazie a Dio dei doni che ci manda e per essere forti nei momenti di debolezza dovuti ai travagli della sofferenza.

---

[87] FRANCESCO, *Omelia del Santo Padre*, http:w2.vatican.va/content/francesco/it/homelies/2018/documents/papa-francesco_20180317_omelia-sangiovannirotondo.html, (consultato il 21/09/2018).

[88] FRANCESCO, *Discorso del Santo Padre Francesco. Giubileo dei gruppi di preghiera di Padre Pio*, https://w2.vatican.va/content/francesco/it/speeches/2016/february/documents/papa-francesco_20160206_giubileo-gruppi-preghiera-padre-pio.html, (consultato il 21/09/2018).

[89] M. SALICI, *Il Profeta. Padre Pio e la sua opera. Un'analisi sociologica*, ed. Franco Angeli, Roma 2014, 142.

> Tutta la vostra vita, dunque, sia spesa nella rassegnazione, nella preghiera, nel lavoro, nell'umiltà, nel rendere grazie al buon Dio. Se vi avverrà di sentire ridestarsi in voi l'impazienza, ricorrete subito alla preghiera; considerate che stiamo sempre alla presenza di Dio, a cui dobbiamo rendere conto di ogni nostra azione, buona o cattiva. Soprattutto poi portate il vostro pensiero sulle annichilazioni che il Figliuolo di Dio ha sofferto per nostro amore. Il pensiero delle sofferenze e delle umiliazioni di Gesù voglio che sia l'oggetto ordinario delle vostre meditazioni. Se lo praticherete come sono certo, in breve tempo ne sperimenterete i salutari frutti. Una tale meditazione vi sarà di scudo per difendervi dall'impazienza allorché il dolcissimo Gesù vi manderà dei travagli, vi metterà in qualche desolazione, vorrà fare di voi un bersaglio di contraddizione.[90]

San Pio ha voluto lasciare un'eredità a tutti i suoi figli spirituali: la preghiera. Ha fondato i Gruppi di Preghiera affinché attraverso la meditazione i suoi figli spirituali riuscissero a praticare "il più alto apostolato che un'anima possa esercitare nella Chiesa di Dio".[91]

Attraverso la sofferenza e con l'aiuto della preghiera possiamo comprendere la nostra vocazione cristiana e il mistero della giustificazione che dona la salute dell'anima.

> Intorno a 3 grandi verità specialmente bisogna pregare lo Spirito Paraclito che ci illumini, e sono: che ci faccia conoscere sempre più l'eccellenza della nostra vocazione cristiana. Secondariamente preghiamo che ci illumini sempre di più intorno all'immensità dell'eterna eredità a cui la bontà del Padre ci ha destinati. Preghiamo infine il Padre dei lumi che ci faccia sempre più penetrare il mistero della nostra giustificazione, che da miseri peccatori ci trasse in salute.[92]

3.3 Casa Sollievo della Sofferenza

Padre Pio, preoccupato della precaria situazione sanitaria, in cui versava la popolazione di San Giovanni Rotondo, assistita solo da qualche medico di famiglia, lontana dai centri ospedalieri, nel 1925 concepì l'idea di mettere su un ospedale.

---

[90] ID., *Epistolario III*, 58.
[91] ID., *Epistolario II*, 70.
[92] IVI, 198-199.

> Nella mente e nel cuore di Padre Pio andava maturando il progetto della Casa Sollievo della Sofferenza che ha visto la sua realizzazione, come primo stralcio tra il 1947 e 1956. La *«pupilla dei suoi occhi»*, così la definiva; *«La Reggia degli Eredi del Regno»*, la *«Città Ospedaliera»*, il frutto più squisito della carità di Cristo.[93]

L'idea di san Pio era di alleviare la sofferenza degli uomini. Utilizzava il confessionale per alleviare la sofferenza spirituale e morale di chi chiedeva il suo aiuto, mentre per la sofferenza fisica aveva in mente un progetto molto più grande. Quando nel 1916 san Pio si accorse che confluiva una grande massa di fedeli a San Giovanni Rotondo per chiedergli una grazia di guarigione fisica, san Pio capì che la situazione in cui versava il Gargano era di grande sofferenza. La popolazione aveva bisogno di cure mediche, di medici e infermieri che si occupassero di loro. Di qui il proposito di realizzare la Casa Sollievo della Sofferenza:

> Nata nelle parole e su appunti di carta il 10 gennaio del 1940 nella sua cella con alcuni dei suoi figli spirituali: Guglielmo Sanguinetti, Mari Sanvico, Carlo Kisvarday, John Telfener, Ida Seitz, Angela Serritelli, Cleonice Morcaldi. Con un fondo cassa di solo quattro milioni di lire, la costruzione iniziò subito dopo la sospensione forzata per gli eventi bellici, sulla base del progetto di Angelo Lupi, un uomo abruzzese di grande genialità che non era né ingegnere né geometra, ma autore di un progetto piaciuto a Padre Pio, che lo scelse tra altri indicando anche il luogo dove l'ospedale doveva sorgere: la montagna vicina.[94]

In san Pio era visibile il concetto della centralità del malato. È necessario prestare attenzione alle cure del malato, non solo cure mediche ma anche attenzione nell'ascolto della loro sofferenza. Tutto deve essere ricondotto a Dio. Secondo san Pio la debolezza umana deve fare affidamento a Dio, unico e solo consolatore che combatte con noi e per noi:

---

[93] L. CASCAVILLA, *XXIX Convegno Nazionale dei Gruppi di Preghiera di Padre Pio da Pietrelcina. L'opera umana e sociale di san Pio da Pietrelcina*, http://www.operapadrepio.it/gruppidipreghiera/wp-content/uploads/2017/08/Atti-XXIX-Convegno-Nazionale-dei-Gruppi-di-Preghiera.pdf, (consultato il 24/09/2018)

[94] *Le Origini*, https://www.operapadrepio.it/it/l-opera/le-origini.html, (consultato il 24/09/2018).

> Avete fiducia illimitata nella divina bontà, che la vittoria è sicurissima. E come persuadersi altrimenti? Non è il nostro Dio interessato più di noi della nostra salute? Non è egli più forte dell'istesso inferno? Chi potrà mai resistere e sopraffare il monarca dei cieli? Cosa son mai il mondo, il demonio, la carne, tutti i nostri nemici dinanzi al Signore?.[95]

L'opera missionaria di san Pio passava dalla carità dei più deboli e dei sofferenti, sino alla volontà di aiutare tutti attraverso la costruzione dell'ospedale Casa Sollievo della Sofferenza. Come san Pio anche santa Madre Teresa di Calcutta vedeva nei poveri e nei sofferenti il volto di Cristo. La vita della santa era destinata alla cura dei "più piccoli", secondo il grido di Gesù sulla croce: «Ho sete» (*Gv* 19,28). Durante la premiazione per il Nobel per la Pace ricevuta da Madre Teresa di Calcutta con le parole che la santa pronunciò, si può notare il suo amore verso i sofferenti:

> Credo che noi siamo veri operatori sociali. Forse svolgiamo un lavoro sociale agli occhi della gente, ma in realtà siamo contemplative nel cuore del mondo. Perché tocchiamo il Corpo di Cristo ventiquattro ore al giorno. Una sera siamo uscite e abbiamo raccolto quattro persone per la strada. Una di loro era in condizioni terribili e ho detto alle Sorelle: "Prendetevi cura degli altri tre, io mi occupo di questa che sembrava stare peggio". Ho fatto per lei tutto quello che il mio amore poteva fare. Ha preso la mia mano e ha detto solo una parola: "Grazie", ed è morta. Mi ha dato il suo amore riconoscente. Ed è morta con il sorriso sul volto.[96]

L'inaugurazione dell'Ospedale Casa Sollievo della Sofferenza è avvenuta il 5 maggio 1956, giorno in cui erano presenti sia le autorità civili che ecclesiastiche; un modo per far comprendere la maestosità dell'opera e l'insieme delle forze per mantenerla viva. Il discorso che san Pio tiene durante l'inaugurazione è pieno di commozione per la riuscita dell'opera ma anche di

---

[95] ID., *Epistolario II*, 79.

[96] MADRE TERESA DI CALCUTTA, *Discorso di Madre Terşa di Calcutta in occasione del conferimento del Premio Nobel per la Pace*, http:www.partecipiamo.it/articoli/madre_teresa_di_calcutta_discorso_per_il_conferimento_del_premio_nobel_per_la_pace.pdf, (consultato il 24/09/2018).

speranza per la buona riuscita di essa. Le sue parole ribadiscono, ancora una volta, il fermo convincimento che al centro di tutto deve esserci l'ammalato, in quanto bisognoso di cure e personificazione di Cristo. Le parole di san Pio furono le seguenti:

> Signori e fratelli in Cristo, la Casa Sollievo è al completo. Ringrazio i benefattori di ogni parte del mondo che hanno cooperato. Questa è la creatura che la Provvidenza ha creato. Una nuova milizia fatta di rinunzie e d'amore sta per sorgere a gloria di Dio, e a conforto delle anime e dei corpi infermi. Luogo di preghiera e di scienza dove il genere umano si ritrovi in Cristo Crocifisso come un solo gregge con un sol pastore.[97]

La maestosità dell'opera ospedaliera, durante gli anni, è accresciuta in modo notevole. Il centro ospedaliero è diventato uno dei più grandi ospedali riconosciuto a livello nazionale ed uno dei centri di ricerca più avanzato. Il desiderio di san Pio era che questa grande opera si migliorasse con gli anni e parlando ai medici disse:

> Voi siete gli strumenti nelle mani di Dio per la realizzazione di questa Casa, in cui le anime e i corpi di tanti nostri fedeli e ammalati vengano curati e guariti, mediante l'opera sacerdotale, sanitaria, spirituale, e sociale di tutta l'organizzazione ospedaliera. Voi avete la missione di curare il malato, ma se al letto del malato non portate l'amore, non credo che i farmaci servano a molto. Portate Dio ai malati: varrà più di qualsiasi altra cura.[98]

I tre pontefici che si sono susseguiti durante questi ultimi anni, si sono recati a San Giovanni Rotondo e hanno visitato l'ospedale Casa Sollievo della Sofferenza. I pontefici hanno potuto constatare la maestosità della

---

[97] PADRE PIO DA PIETRELCINA, *Discorso di Padre Pio. 5 maggio 1956, inaugurazione della Casa Sollievo della Sofferenza*, http://www.operapadrepio.it/contenuti/opera/pdf/DiscorsoPadrePio1956.pdf, (consultato il 24/09/2018).

[98] D. CRUPI, *Casa Sollievo della Sofferenza, l'Opera sociale di Padre Pio*, http://www.operapadrepio.it/gruppidipreghiera/wp-content/uploads/2017/08/Atti-XXIX-Convegno-Nazionale-dei-Gruppi-di-Preghiera.pdf, (consultato il 24/09/2018).

realizzazione dell'opera e lo spirito che vige all'interno di questo centro ospedaliero.

Queste le parole di papa Giovanni Paolo II durante la visita pastorale a San Giovanni Rotondo avvenuta il 23 maggio 1987:

> Sono lieto di vedere nella sua moderna realizzazione quanto Padre Pio ideò e predisse: "Una città ospedaliera tecnicamente adeguata alle più ardite esigenze cliniche e insieme di "ordine ascetico" di "francescanesimo militante". Il sollievo della sofferenza! In questa dolce espressione si riassume una delle prospettive essenziali della carità cristiana, di quella carità fraterna, che Cristo ci ha insegnato. Quest'opera per la quale padre Pio tanto pregò e tanto si prodigò è una stupenda testimonianza dell'amore cristiano. La grande intuizione di padre Pio è stata quella di unire la scienza a servizio degli ammalati insieme con la fede e la preghiera. Per questo, un aspetto essenziale del grande disegno di padre Pio era ed è che la degenza in questa Casa deve poter costruire sì una cura del corpo, ma anche una vera e propria educazione all'amore inteso come accettazione cristiana del dolore.[99]

Le parole di papa Benedetto XVI si soffermano principalmente su due fattori: i Gruppi di Preghiera e l'ospedale Casa Sollievo della Sofferenza. Due aspetti che traducevano due valori voluti da san Pio, la fede e la scienza unite insieme per lottare contro la sofferenza dell'uomo.

> Dal cuore di Padre Pio, ardente di carità, ha preso origine la Casa Sollievo della Sofferenza, che già col suo nome manifesta l'idea ispiratrice da cui è sorta ed il programma che intende realizzare. Padre Pio volle chiamarla "casa" perché il malato, specialmente quello povero, si sentisse a proprio agio, accolto in un clima familiare, e in questa casa egli potesse trovare "sollievo" alla sua sofferenza. La fede in Dio e la ricerca scientifica cooperano al medesimo fine.[100]

---

[99] GIOVANNI PAOLO II, *Discorso di Giovanni Paolo II ai medici e ai malati dell'ospedale «Casa Sollievo della Sofferenza»*, https://w2.vatican.va/content/john-paul-ii/it/speeches/1987/may/documents/hf_jp-ii_spe_19870523_medici-malati.html, (consultato il 24/09/2018).

[100] BENEDETTO XVI, *Discorso di sua santità Benedetto XVI ai partecipanti al pellegrinaggio delle opere di san Pio da Pietrelcina*, http://w2.vatican.va/content/benedict-

Papa Francesco, ricordando l'ospedale ardentemente voluto da san Pio, ricorre ad un termine che molto spesso l'uomo dimentica: piccolezza. Secondo san Pio nei "piccoli", ovvero negli ammalati, si trova Gesù e il compito dell'uomo deve essere aiutare i più deboli che soffrono. Così si esprime papa Francesco durante la sua visita a San Giovanni Rotondo:

> Sappiamo cercare Dio là dove si trova? Qui c'è uno speciale santuario dove è presente, perché vi si trovano tanti piccoli da Lui prediletti: è la Casa Sollievo della Sofferenza. Nell'ammalato si trova Gesù e nella cura amorevole di chi si china sulle ferite del prossimo c'è la via per incontrare Gesù. Chi preferisce i piccoli proclama una profezia di vita contro i profeti di morte di ogni tempo.[101]

In effetti, l'insegnamento che san Pio ci ha lasciato è che l'uomo sofferente vive in Cristo. San Pio ha portato su di sé i segni della sofferenza, fisica e spirituale. San Pio ha voluto lasciare con le sue parole e i suoi gesti un insegnamento importante, secondo il quale l'uomo sofferente non deve scoraggiarsi ma deve vivere la sofferenza in Cristo e con Cristo cercando tutti i mezzi possibili per fronteggiarla, sia a livello personale e spirituale, che a livello medico e sociale: se al primo livello corrisponde la fondazione dei Gruppi di Preghiera, l'esempio fattivo e concreto di come cercare per trovare nuove soluzioni scientifiche e scoprire nuove cure per sconfiggere le malattie non può che essere l'ospedale Casa Sollievo della Sofferenza.

---

xvi/it/spechees/2006/october/documents/hf_ben-xvi_spe_20061014_opere-san-pio.html, (consultato il 24/09/2018).

[101] FRANCESCO, *Omelia del Santo Padre*, http://w2.vatican.va/content/francesco/it/homilies/2018/documents/papa-francesco_20180317_omelia-sangiovannirotondo.html, (consultato il 24/09/2018).

Conclusione

Il lavoro svolto mi ha permesso di accostare la figura di san Pio alla sofferenza, elemento che ha caratterizzato la sua vita e la sua missione. La domanda di base presente in questo lavoro riguarda l'interesse di san Pio da Pietrelcina per la sofferenza, nonché sul come affrontarla e sopportarla alla luce del Mistero di Cristo. Ripercorrendo la vita di san Pio si può notare come nel tempo in cui egli è vissuto, il Santo ha potuto annunciare l'importanza del mistero della sofferenza nel raffigurare il volto di Cristo sofferente. In primo luogo, così come si è tentato di mostrare in questo studio, san Pio ha rievocato le parole evangeliche "completo nella mia carne quello che manca ai patimenti di Cristo, in favore del suo corpo che è la Chiesa" (*Col* 1,24). San Pio si è affidato totalmente a Dio mettendo a disposizione tutto di sé per far comprendere ai suoi figli spirituali l'importanza di creare con Lui un rapporto filiale anche nella sofferenza.

Nelle prove e nel dolore san Pio ha compiuto la volontà di Dio e la testimonianza sta in queste sue parole: "l'amore si conosce nel dolore, lo sentirai acuto nello spirito, e più acuto ancora lo sentirai nel corpo".[102]

Nell'articolazione dei vari capitoli si è tentato di cogliere la ricchezza dell'esperienza spirituale e mistica di san Pio. Nell'immagine dei segni del crocifisso apparsi sul suo corpo, si può cogliere l'imitazione di vita di san Pio vissuta nella sapienza con l'abbandono totale nella fede.

In ultima analisi, potrebbe restare una perplessità: come fare, nelle situazioni in cui ciascuno si trova, per corrispondere in pienezza all'invito di Cristo

[102] ID., *Epistolario I*, 328.

come fece san Pio? L'esperienza di san Pio può suggerire la necessità di vivere la propria sofferenza in un abbandono fiducioso a Dio. San Pio ci ha insegnato che è necessario vedere la sofferenza come un segno di amore particolare del Signore, che la permette affinché l'uomo sostenuto dalla grazia possa essere più simile a Cristo su questa terra, Lui che, sebbene innocente, accettò la sofferenza per amore di Dio e degli uomini. Ciò che contraddistingue i cristiani non è il soffrire meno o più degli altri, ma il soffrire in un mondo nuovo, con Cristo e in Cristo, per aver poi parte anche alla sua gloria (cfr.
Rm 8,17).

Tuttavia la lezione di san Pio sta nel tentativo di testimoniare l'indicibile, di amare ciò che non è amabile: il dolore, la sofferenza, il sacrificio e la malattia. È questo il grande insegnamento di san Pio: amare tutte le sfaccettature che la vita presenta, compresa la sofferenza, perché attraverso di essa si può raggiungere ed essere raggiunti da Dio.

Bibliografia

I. DOCUMENTI MAGISTERIALI

Catechismo della Chiesa Cattolica. Compendio, promulgato da Giovanni Paolo II,

Libreria Editrice Vaticana, Città del Vaticano 1997.

CATECHISMO DEGLI ADULTI, *La verità vi farà liberi*, ed. Libreria Editrice Vaticana, Città del Vaticano 1995.

II. SCRITTI DI SAN PIO DA PIETRELCINA

PADRE PIO DA PIETRELCINA, *Epistolario I*, a cura di Melchiorre da Pobladura e Alessandro da Ripabottoni, ed. Padre Pio da Pietrelcina, San Giovanni Rotondo 2011.

—, *Epistolario II*, a cura di M. da Pobladura e A. da Ripabottoni, ed. Padre Pio da Pietrelcina, San Giovanni Rotondo 2011.

—, *Epistolario III*, a cura di Melchiorre da Pobladura e Alessandro da Ripabottoni,

ed. Padre Pio da Pietrelcina, San Giovanni Rotondo 2011.

—, *Epistolario IV*, a cura di Melchiorre da Pobladura e Alessandro da Ripabottoni, ed. Padre Pio da Pietrelcina, San Giovanni Rotondo 2011.

III. SCRITTI SU SAN PIO DA PRIETRELCINA

DA POBLADURA M., *Problematica della direzione spirituale nell'Epistolario di Padre Pio*, ed. Voce di Padre Pio, San Giovanni Rotondo 1980.

DA RIESE F., *Pio X, Padre Pio da Pietrelcina Crocifisso senza croce*, ed. Padre Pio, San Giovanni Rotondo.

DI FLUMERI G., *La trasverberazione di Padre Pio,* in *Atti del convegno di studio sulle stigmate del servo di Dio Padre Pio da Pietrelcina*, San Giovanni Rotondo 1988.

FUNICELLI P. , *Le stimmate di Padre Pio da Pietrelcina,* ed. Padre Pio da Pietrelcina, San Giovanni Rotondo 2006.

GALEONE P., *Relazione allargata alla deposizione sulle virtù praticate da Padre Pio da Pietrelcina*, San Giorgio Jonico 1986.

SALICI M., *Il Profeta. Padre Pio e la sua opera. Un'analisi sociologica*, ed. Franco Angeli, Roma 2014.

IV. ALTRE PUBBLICAZIONI

CIONCHI G., G. GIACOMELLI, *Angeli, Demoni e Regno di Dio*, ed. Shalom, Camerata Picena 2001.

AGOSTINO, *La natura del bene*, a cura di Reale G., ed. Bompiani 2008.

—, *Confessioni*, a cura di Carlo Carena, ed. Mondadori 2016.

A. DA SAN MARCO IN LAMIS, *Diario*, ed. Padre Pio da Pietrelcina, San Giovanni Rotondo 2003.

CESATI CASSIN M., *Conosci il tuo destino*, ed. Sperling & Kupfer, Milano 2016.

CONTINI G., *Poeti del Duecento, Parte I*, ed. Istituto della Enciclopedia Italiana fondata da Giovanni Treccani, 2013.

IGNAZIO D'ANTIOCHIA, *Ad Romanos VI- I Padri Apostolici*, a cura di A. Quacquarelli, Roma 1981.

FLITCK M., Z. ALSZEGHY, *Il mistero della croce. Saggio di teologia sistematica*, ed. Queriniana, Brescia 1978.

KANT I., *Scritti di filosofia della religione*, a cura di Ricorda G., ed. Ugo Mursia, 1994.

MARINELLI V., *Natuzza di Paravati*, ed. Mapograf s.r.l., Vibo Valencia 1989.

MIGLIETTA C., *Perché il dolore? La risposta della Bibbia*, Gribaudi, Milano 1997.

POMA A., *Impossibilità e necessità della teodicea*, ed. Mursia, Milano 1995.

POMPILIO L., *L'esperienza mistica della passione in san Paolo della Croce*, ed. Tipografia di Casamari, Roma 1973.

RAHNER K., *Sollecitudine per la Chiesa. Nuovi saggi VIII*, ed. Paoline, Roma 1982.

SANTA TERESA DI GESÙ, *Il libro della vita*, ed. OCD, Roma 2005.

SANTA TERESA GIULIANI, *Un tesoro nascosto ossia il diario di santa Veronica Giuliani*, a cura di P. Pizzicaria, Prato 1895.

SCHELER M., *Il senso della sofferenza in Il dolore, la morte, l'immortalità*, ed. Elledici 1983.

SERENTHÀ M., *Sofferenza umana. Itinerario di fede alla luce della Trinità*, ed. Paoline Cinisello Balsamo 1993.

TOMMASO D'AQUINO, *Il male*, a cura di Fiorentino F., ed. Bompiani 2007.

—, *La somma teologica*, ed. Edizioni Studio Domenicano 2012

V. SITOGRAFIA

Le stimmate di san Francesco, http://www.assisiofm.it/le-stimmate-di-san-franscesco-978-1.html.

ACCROCCA F., *San Francesco e la sofferenza*, http://www.sanfrancescopatronoditalia.it/notizie/attualità/giornata-mondiale-del-malato-san-francesco-e-la-sofferenza-richiedi-lo-speciale-della-rivista-dei-frati-di-assisi-36997#.W5N3ySQzbIU.

BENEDETTO XVI, *Messaggio del Santo Padre Benedetto XVI per la XIX Giornata mondiale del malato*, https://www.2.vatican.va/content/benedict-xvi/it/messages/sik/documents/hf_ben-xvi_mes_20101121_world-day-of-the-sick-2011.html.

—, *Discorso di sua santità Benedetto XVI ai partecipanti al pellegrinaggio delle opere di san Pio da Pietrelcina*, http://w2.vatican.va/content/benedict-xvi/it/spechees/2006/october/documents/hf_ben-xvi_spe_20061014_opere-san-pio.html.

BERTONE T., *Omelia del card. Tarcisio Bertone, segretario di stato del Santo Padre*,http://www.vatican.va/roman_curia/secretariat_state/card-bertone/2012/document/rc_segst_20120616_padre-pio_it.html.

CASCAVILLA L., *XXIX Convegno Nazionale dei Gruppi di Preghiera di Padre Pio da Pietrelcina. L'opera umana e sociale di san Pio da Pietrelcina*, http://www.operapadrepio.it/gruppidipreghiera/wp-content/uploads/2017/08/Atti-XXIX-Convcgno-Nazionale-dei-Gruppi-di-Preghiera.pdf.

CHIARA A., *Da randagio e dissoluto a santo degli ammalati*, http://www.famigliacristiana.it/articolo/san-camillo-de-lellis-da-randagio-e-dissoluto-a-santo-degli-ammalati.aspx.

COMMISSIONE TEOLOGICA INTERNAZIONALE, *Alcune questioni sulla teologia dellaredenzione*, http://www.vatican.va/roman_curian/congregations/cfaith/cti_documents/rc_cti_1995_teologia-redenzione_it.html.

CRUPI D., *Casa Sollievo della Sofferenza, l'Opera sociale di Padre Pio*, http://www.operapadrepio.it/gruppidipreghiera/wp-content/uploads/2017/08/Atti-XXIX-Convegno-Nazionale-dei-Gruppi-di-Preghiera.pdf.

FRANCESCO, *Discorso del Santo Padre Francesco. Giubileo dei gruppi di preghiera di PadrePio*, https://w2.vatican.va/content/francesco/it/speeches/2016/february/documents/papa- francesco_20160206_giubileo-gruppi-preghiera-padre-pio.html.

—,*Il coraggio della preghiera*, https://w2.vatican.va/content/francesco/it/cotidie/2018/documents/papa-francesco-cotidie_20180112_il-coraggio-della-preghiera.html.

—, *Messaggio del santo padre Francesco per la XXIV Giornata Mondiale del Malato 2016*, http://w2.vatican.va/content/francesco/it/messages/sik/documents/papa-francesco_20150915_giornata-malato.html.

—, *Messaggio del Santo Padre Francesco per la XXVI Giornata Mondiale del malato 2018,* http://w2.vatican.va/content/francesco/it/messages/sick/documents/papa-francesco_20171126_giornata-malato.html.

—,*Omelia del Santo Padre*, http:w2.vatican.va/content/francesco/it/homelies/2018/documents/papa-francesco_20180317_omelia-sangiovannirotondo.html.

—,*Udienza Generale*, https:w2.vatican.va/content/francesco/it/audiences/2016/documents/papa-francesco_20160525_udienza-generale.html.

GIOVANNI PAOLO II, *Discorso di Giovanni Paolo II ai medici e ai malati dell'ospedale «Casa Sollievo della Sofferenza»*, https://w2.vatican.va/content/john-paul-ii/it/speeches/1987/may/documents/hf_jp-ii_spe_19870523_medici-malati.html.

—, *Lettera apostolica "Salvifici Doloris" ai vescovi, ai sacerdoti, alle famiglie religiose ed ai fedeli della chiesa cattolica sul senso cristiano della sofferenza umana*, http://www.vatican.va/roman_curia/pontifical_councils/hlthwork/documents/ hf_jp-ii_apl_11021984_salvifici-doloris_it.html.

—, *Lettera di Giovanni Paolo II all'Arcivescovo di Spoleto per il VI centenario della nascita di santa Rita da Cascia*, http://w2.vatican.va/content/john-paul-ii/it/letters/1982/documents/hf_jp-ii_let_19820210_arcivescovo-spoleto.html.

—, *Rito di beatificazione di Padre Pio da Pietrelcina, Omelia di Giovanni Paolo II*, http://w2.vatican.va/content/john-paul-ii/it/homelies/1999/documents/hf_jp- ii_hom_02051999_padre-pio.html.

Le Origini, https://www.operapadrepio.it/it/l-opera/le-origini.html.

LOTTI L., *Padre Pio, una spiritualità della compassione*, http://www.vocedipadrepio.com/files/file/2012_9_ita_2.

MADRE TERESA DI CALCUTTA, *Discorso di Madre Tersa di Calcutta in occasione del conferimento del Premio Nobel per la Pace*, http:www.partecipiamo.it/articoli/madre_teresa_di_calcutta_discorso_per_il_ conferimento_del_premio_nobel_per_la_pace.pdf.

PADRE PIO DA PIETRELCINA, *Discorso di Padre Pio. 5 maggio 1956, inaugurazione della Casa Sollievo della Sofferenza*, http://www.operapadrepio.it/contenuti/opera/pdf/DiscorsoPadrePio1956.pdf.

INDICE

Printed by Books on Demand GmbH, Norderstedt / Germany